Haz que cada mañana salga el sol

Arancha Merino

Haz que cada mañana salga el sol

...y que cada día sea el más feliz de tu vida

alienta
EDITORIAL

© Centro Libros PAPF, S. L. U., 2012
Alienta es un sello editorial de Centro Libros PAPF, S. L. U.
Grupo Planeta
Av. Diagonal, 662-664
08034 Barcelona

www.planetadelibros.com

Diseño de cubierta: El taller interactivo
Imágenes interiores: © Romera Diseño e infografía

ISBN: 978-84-15320-49-4
Depósito legal: B-11.124-2012
Primera edición: mayo de 2012
Quinta edición: julio de 2015
Preimpresión: Victor Igual, S. L.
Impreso por GRAFOS

Impreso en España - *Printed in Spain*

A Emilio, mi amor.
Su apoyo, su fuerza y su empuje son
los que me han motivado a escribir este libro

A mis queridos sobrinos Natalia, Alejandra, Eduardo y Víctor,
con el deseo de que construyan la vida de sus sueños

ÍNDICE

PRÓLOGO

Descartes se caracterizó por la máxima exaltación de la razón, por encima de las emociones. Pero no fue el primero. Varios siglos antes, Platón y Aristóteles destacaban la dicotomía entre la razón y las emociones o el cuerpo y la mente. Los filósofos sofistas, incluso, consideraban sumamente engañosa la información proporcionada por los sentidos y digna, por tanto, de poco crédito... ¡Y ellos fueron los padres de nuestro pensamiento occidental! No es de extrañar que las emociones hayan estado en el banquillo de los filósofos y, por supuesto, en el de las empresas o incluso, en el de la educación. Pero las cosas han cambiado (¡y menos mal!) y es posible que ahora más que nunca necesitemos regresar al mundo emocional, aquel que no hace sentirnos vivos y por el que hacemos vibrar a quienes nos rodean.

Conocer en profundidad las emociones nos da varias perspectivas interesantes de nosotros mismos. Podemos entender que a pesar de sentirlas y a veces, incluso, vernos embargados por ellas, no somos emociones y que, por tanto, podemos influir en ellas. Las emociones actúan como brújulas para tener una vida plena. Sólo podemos sentir la alegría si conocemos la tristeza, al igual que el cuerpo sólo puede tener sensación de frío o de calor si vive el contraste. Las emociones, además, son un crisol de multitud de alternativas posibles. Al igual que cuando jugábamos con el cubo de Rubik, en donde existían diferentes combinaciones de azules, amarillos o rojos, lo mismo sucede con las caras que constituyen las emociones: Cognitiva, fisiológica, social y de propósito. Las emociones nos hacen sentir (cara cognitiva), movernos (cara fisiológica), comunicarnos (cara social) y nos motivan a tomar decisiones (cara de propósito). Dependiendo de cada situación y persona, la combinación de piezas (o de respuestas) es única. Ante una determinada noticia un día podemos alegrarnos y sonreír, pero la misma noticia en otra persona o en otro momento puede implicar una reacción diferente. ¡Con cada emoción, comienza el baile del cubo! Y la respuesta que tengamos dependerá de cómo sintamos, actuemos, nos expresemos o adaptemos nuestra motivación. En este baile de posibilidades se conforman emociones que pueden ser de miedo, de ira o de alegría... Y dichas emociones han sido analizadas bajo el atento microscopio de Arancha.

El libro nos muestra que las emociones tienen un por qué. Mientras que la ira consigue hacernos romper con lo que nos duele o responder ante una injusticia, el miedo nos permite ser prudentes y la alegría, repetir aquello que nos es beneficioso. Pero quizá algo apasionante sea reconocer que las emociones pueden ser positivas o negativas, como dice la autora. Mientras que las primeras nos ayudan a movernos por este mundo de una manera mucho más inteligente, las segundas nos anclan y acrecientan nuestras inseguridades. Sin embargo, las emociones negativas también son un camino de crecimiento si somos capaces de leer su significado o comprender qué es lo que quieren enseñarnos. La dependencia, la rabia injustificada o el miedo atenanzante son un camino para conocernos. Requerimos tomar distancia y asumir que no somos víctimas de ellas y que podemos convertirnos en protagonistas a la hora de abordarlas. Para ello, Arancha nos detalla cómo podemos conseguirlo.

El libro es un mapa de los sabores emocionales que vivimos. Está escrito son sencillez y cercanía, desde la experiencia de haber trabajado con personas a lo largo de los años, recogiendo investigaciones y casos reales que nos pueden recordar a nosotros mismos. Nos aporta una radiografía para comprender que las emociones nos arman de inteligencia y que pueden ser herramientas para descubrir nuestro propósito vital, llegar al otro y crecer como personas. Por todo ello, vale la pena leerlo y comprender que cada uno puede hacer que cada mañana salga el sol.

Pilar Jericó
Socia y Directora General de Be-Up
Escritora y conferenciante

INTRODUCCIÓN

Soy asesora y formadora emocional. A este camino he llegado en mi madurez, aunque mis inicios fueron muy diferentes. Estudié ciencias empresariales, más por imposición que por devoción. Deseaba ser psicóloga, pues mi pasión era el conocimiento del ser humano y su comportamiento, pero parecía que aquello no me iba a hacer triunfar en la vida. «Los psicólogos no se hacen ricos», me decían. Con diecisiete años y una fuerte influencia parental no supe ponerme en mi lugar y decidir hacia dónde quería dirigir mi vida. Mi respuesta fue el conformismo. De algún modo, preferí sufrir antes que disgustar a los que me querían.

Fui educada en un hogar de clase media. Mi padre procedía de una familia humilde, sometida a muchas carencias. Eso le hizo trabajar incansablemente para darnos lo mejor, hasta el punto de que para él la vida era puro sacrificio y esfuerzo. Gracias a esa labor, mi madre, mis hermanos y yo, pudimos tener comodidades, pero no recuerdo que mi padre disfrutara ni un solo día de su vida: «La vida es dura y difícil. Hay que sacrificarse». Mi madre, una mujer generosa y vitalista, siempre antepuso las necesidades de los demás a las suyas propias porque no se valoraba lo suficiente. Así, lo primero que aprendí es que en esta vida para ser feliz hay que tener éxito, y éste se compone de dinero y poder. No elegí ser economista, simplemente complací los deseos de otros. Como soy muy tenaz, me propuse sacar el mayor provecho a esos estudios, afanándome en ascender puestos en las empresas donde trabajaba. Tenía la siguiente creencia: «Sin dinero y poder no eres nadie en esta vida». Una idea tan arraigada que no imaginaba que se pudiera vivir de otra manera. Así es el modo en que los hijos aman a los padres, prefieren renunciar a sus ilusiones con tal de ser aprobados y queridos por ellos.

Efectivamente, tal como mi padre deseó para mí, gané mucho dinero como directora financiera, y, más adelante, como directora general de una importante multinacional. Alcancé lo que se suponía era el *éxito*. Compré una casa estupenda, un coche deportivo, viajaba en primera, acudía a cócteles con personas influyentes, me alojaba en los hoteles más lujosos, tenía chófer y hasta un marido que me esperaba pacientemente en casa con la mejor de sus caras. Ésa era mi vida. Por supuesto, el ritmo de trabajo era trepidante, no tenía tiempo ni de pensar si me gustaba lo que hacía, sencillamente seguía en la rueda porque me sentía poderosa. Los deseos de poder son una gran toxina, porque es una forma de venderse a los demás y dejar de disponer de tu propia vida. El temor a perder ese poder nos atormenta; la mente nos confunde: «Sin poder no me van a respetar, ya nadie contará conmigo». Como eso no tiene fin, siempre necesitaba algo más. Un viaje más lejano, otro coche, otro vestido. Son pequeñas ilusiones que, una vez que se realizan, te dejan con una nueva sensación de vacío que hay que llenar.

Fue durante ese período cuando me diagnosticaron un cáncer de útero y ovario. Gran lección vital. Lejos de derrumbarme, decidí entender por qué con tan sólo treinta y cuatro años tenía que debatirme entre la vida y la muerte. Ese cáncer fue lo que salvó mi vida. Necesitaba saber quién era yo realmente. Profundizando en mi ser, entendí que no era feliz. También comprendí que no iba a resultar fácil salir del círculo: éxito = poder + dinero. La mente me aturdía y torturaba: «¿Cómo vas a mantener tu nivel de vida?». Aunque había algo que pesaba más: «Quiero saber realmente qué personas están conmigo por interés, por ser la directora general de una gran compañía, y quiénes me quieren y apoyan de verdad». Pero, sobre todo, quedaba pendiente la pregunta existencial: «¿Es esto lo que quiero para el resto de mi vida?». Definitivamente no. Tiene que haber algo más, la vida no se puede reducir a algo exclusivamente mental y material.

Por fin, a los cuarenta, y tras muchos años huyendo de mi vida —ya que tan sólo intentaba realizar lo que otros esperaban de mí—, algo cambió en mi interior. Sentí el impulso de hacer otras cosas, estaba harta de cumplir un papel, ya no quería ser la niña buena y obediente. Necesitaba ser libre para elegir, para expresarme y dejar de formar parte de esa mentira, de ese círculo vicioso en el que una vez que entras ya no tienes escapatoria. Encerrada como una oveja tonta, perteneciente a un rebaño con un perro pastor que vigilaba cada uno de mis movimientos, no fuera a salirme del redil. ¿Podemos escaparnos de los estereotipos? No es fácil comenzar una vida nueva. El entorno te juzga para que no destaques, para que no te superes, para que sigas siendo el mismo. Sólo cuentas con tu decisión personal y con tu valentía. Si crees en ti, conseguirás lo que firmemente te propongas. No precisas dar explicaciones a nadie, pues tu vida no depende de nadie, tan sólo debes ser tu mismo y disipar tus dudas. Puedes cambiar de vida tantas veces como decidas, pues tienes la capacidad de crear, de decidir y de elegir.

Tras hacer acopio de valor, decidí abandonar esa carrera profesional que me había aportado tantos éxitos económicos y comencé a vivir de acuerdo con mi verdadero yo.

Lo primero que me propuse fue hallar las respuestas a algo que no dejaba de rondar mi cabeza. ¿Cómo es posible llevar doce años trabajando codo con codo con alguien y no conocerle?, ¿por qué las personas se comportan de manera tan diferente ante situaciones de tensión?, ¿de dónde surgen nuestras inseguridades?, ¿qué puede llegar a hacernos traicionar a un amigo? ¿qué estímulo es el que nos hace ser competitivos y pasar por encima de cualquiera sin pensar en las consecuencias?, ¿cuándo se puede confiar abiertamente en alguien?

Como nada es casual, apareció en mi camino la persona que me inició en los conocimientos que posibilitaron el cambio trascendental para recuperar mi ser abandonado. Mi sentimiento de solidaridad y mi curiosidad me condujeron a adquirir importantes saberes sobre las conductas del ser humano y el mundo de las emociones, que pretendo ahora compartir a través de este libro. Tras años de estudios, se disiparon las dudas y salió a relucir mi verdadera vocación: ser docente de cursos de desarrollo personal a través de la asesoría y la formación emocional.

Aunque no pudiera ser madre biológica, pensé que podría serlo de cientos de niños, porque ser madre no es tan sólo parir hijos. Ser madre es saber crear un espacio seguro donde un niño pueda crecer y desarrollarse siendo él mismo, es guiarle para que pueda afrontar las dificultades de la vida, es enseñarle a volar en solitario y a que sepa convertir sus errores en aprendizajes que le hagan más fuerte, más autónomo e independiente. Es darle la libertad de elegir, y en esa libertad es donde podrá encontrar su felicidad. Esto me impulsó a crear, junto con otras dos estupendas formadoras, una escuela emocional para padres e hijos donde pudieran conocer sus emociones, sus sentimientos, para así entenderse y crecer juntos.

Las nociones que adquirí a través de varias disciplinas, unidos a mi experiencia personal, son las que ahora deseo para todos. Especialmente a ti, lector, ya que si este libro ha llegado a tus manos, no es fruto del azar, sino porque en este momento necesitas sumergirte en su lectura. Es tu ahora. Este libro te aportará un gran caudal de conocimientos, sobre ti y las personas que te rodean, que irás adquiriendo de una manera sencilla, pero muy eficaz. Conozco el miedo de los individuos a conocerse a sí mismos, por si descubren algo que prefieren no ver. También sé del pánico a los cambios por no querer replantearse conductas ya instauradas. No afrontar la realidad nos convierte en esclavos pasivos de la sociedad. Esta actitud nos empuja a buscar culpables de todos nuestros males. Si no coges el mando de tu vida ahora mismo, seguirás juzgando y criticando, responsabilizando a los demás de tus fallos, pero no ganarás nada. En algún momento tendrás que decir: «¡Basta! Basta de lamentaciones y quejas». Ésta es mi vida y voy a convertirla en algo precioso porque puedo lograr que cada mañana brille el sol para mí. Ese momento ha llegado, las excusas ya no te sirven, te toca pasar a la acción. Comprenderás la cantidad de frustraciones y sensaciones de fracaso que te puedes ahorrar si conoces el gran valor que tienen las emociones en nuestras vidas. Descubrirlas y aplicarlas es tan sólo decisión personal de cada uno. Nunca es tarde, cualquier momento es bueno para iniciar el camino.

Decir «es imposible, ya es tarde para mí, nunca lo lograré» no son más que excusas que nos ponemos para no enfrentarnos a la realidad. Y la realidad es siempre SÍ: ...Sí, podemos. Siempre es un buen momento; sí, es posible. Cualquier decisión de cambio que hayas tomado, por pequeña o insignificante que te parezca, siempre ha merecido la pena. Lo que sucede es que no nos gusta cuestionarnos nuestra vida, nuestras ideas, nuestras decisiones. Toma conciencia de si llevas mucho tiempo apalancado haciendo lo mismo repetidamente. Este comportamiento, que parece tan cómodo, arruina tus posibilidades de encontrar la auténtica felicidad. Me doy cuenta de que muchas personas se aferran a un trabajo o a una pareja como si fueran sus salvavidas. Hacen cualquier cosa por no soltarlos. Basan su existencia sobre ese flotador, no sobre sí mismos, perdiendo la experiencia de vivir, de abrirse a nuevos caminos, de aprender, de crecer. En definitiva, de *ser*. Instalarse en una zona de comodidad propicia básicamente cerrarse a nuevas oportunidades y envidiar a los que se atreven a crear su propia vida.

Sin duda, otorgamos demasiada importancia a la mente que nos maneja a su antojo. Es el ego que nos domina e impide hacer o decir lo que desearíamos muchas veces. Pues bien, yo os invito a liberaros, en la medida de lo posible, de ese ego manipulador, y a abrir las puertas a una nueva vida donde todo es posible, donde se encuentran nuevas oportunidades, donde lo que considerabas problemas se transforme en circunstancias que favorezcan otras alternativas. Pero debes contribuir, aportando en la medida de tus posibilidades. Si no crees en ti, llevarás una vida mediocre. Para creer en ti, necesitas conocerte a fondo, comprender tus potencialidades y descubrir que, iniciando los pasos oportunos y con paciencia, alcanzarás cualquier meta que te propongas. Pero el objetivo tienes que marcarlo tú. No te conformes nunca. ¡Apuesta por ti! No anticipes problemas que no tienen por qué ocurrir, no presupongas las intenciones de otros. Eleva puentes que eviten el miedo a caer en el abismo de lo desconocido.

Puedes crear un ambiente de energía positiva en el que se contagien las emociones auténticas y la creatividad, proporcionando un clima de entendimiento en tu entorno donde reine la armonía. En el que favorezcas la comunicación con valores claros e inteligentes, sustanciando tu vida con un espacio seguro, lleno de amor y alegría.

Este libro requiere tres lecturas; el lenguaje y los ejemplos que utilizo facilitan su comprensión. En la primera lectura conocerás el origen de varias de tus preocupaciones; dejarán de ser un enigma para ti, pues aclararás muchos conceptos. La segunda lectura te llevará más lejos; encontrarás la senda para dejar de ser gente del montón y convertirte en *persona*. Si profundizas en una tercera lectura, tendrás las claves para desarrollarte como ser humano comprometido con su bienestar.

PRIMERA PARTE

DÉJAME QUE TE CUENTE...

1. ¿SABÍAS QUE...?

—Los investigadores en el campo de la psicología afirman que nuestras mentes producen más de cien mil pensamientos negativos diarios (incluyendo los subconscientes). Afectan a todo nuestro entorno al recibir una carga extra de negatividad y son extremadamente contagiosos.

—Los programas de educación más efectivos son los que promueven el autocontrol, la capacidad de regular emociones, la orientación a un propósito, la no dispersión y la sociabilidad. (James Heckman, premio Nobel de Economía en 2000.)

—Roger Sperry descubrió algo fascinante que le reportó ganar el Premio Nobel de Medicina en 1981. El ser humano no sólo tiene dos hemisferios cerebrales, sino que tiene dos mentes que procesan la realidad de forma diferente aunque complementaria. Proyectó imágenes de una mujer desnuda a hombres con el hemisferio derecho dañado, de modo que este hemisferio no podía captar la información. La respuesta de los hombres ante lo que veían fue totalmente aséptica: «son mujeres desnudas», sin transmitir la mínima emocionalidad. Realizado el experimento a hombres que sólo pudieran percibir por el hemisferio derecho la respuesta fue que aunque no podían describir lo que veían, notaban sonrojo, nerviosismo y calor en su cuerpo. Aunque no entendían lo que pasaba. El hemisferio izquierdo utiliza el pensamiento en forma de palabras, mientras que el derecho lo hace a través de sensaciones, emociones o imágenes. Necesitamos de los dos hemisferios para una vida en equilibrio, pero no uno dominando sobre el otro, sino colaborando conjuntamente.

—Estudios neuroanatómicos estadounidenses nos muestran que nuestros hemisferios derecho e izquierdo están totalmente separados entre sí. Procesan información diferente y piensan cosas diferentes. El derecho se encarga del momento presente, del aquí y ahora, y también de nuestros sentimientos. Nuestra energía se conecta a través de este hemisferio. El izquierdo piensa lineal y metódicamente, organiza la información y la asocia con lo que ocurrió en el pasado y la proyecta al futuro. Es la calculadora que recuerda y nos empuja a controlar. El derecho es paz, no hay preocupaciones. El izquierdo es el intelectual: «Tengo que hacer..., debo ir...». El problema es que damos más importancia al hemisferio izquierdo, y eso nos hace perder el poder de elegir en cada momento cómo queremos estar en el mundo. (Dra. Jill Bolte Taylor.)

—El cociente intelectual tiene sólo un 20 % de incidencia en el éxito que se puede tener en la vida, mientras que el 80 % restante radica fundamentalmente en habilidades emocionales. (Daniel Goleman.)

—El factor emocional se considera como un elemento muy importante en la prevención o desarrollo de algunas enfermedades. Se está demostrando que emociones negativas como la ira, el miedo, el estrés, la depresión, etc., tienen un efecto directo sobre la salud.

—Los padres que manifiestan abiertamente ternura, amor, y se comunican con un lenguaje emocional, producen efectos muy positivos en los hijos; éstos serán más eficaces, con mayor concentración y más hábiles para relacionarse.

—El estudio más largo del que disponemos se realizó durante cincuenta años. Se creó un grupo de niños de tres a cinco años, de entornos desfavorecidos, y se les enseñó habilidades sociales a través de las emociones durante dos años. Se siguió su evolución, y el resultado fue una menor tasa de delincuencia en poblaciones donde es muy elevada, mayores ingresos y mayor adaptabilidad social. (James Heckman.)

—El niño que ha empezado desde pequeño con las ventajas que implica el conocimiento y manejo de emociones sigue adquiriendo mayores beneficios con los años.

—Gracias a la neurociencia sabemos que si sufriéramos una lesión que inhabilitara nuestra capacidad de experimentar emociones, no podríamos pensar correctamente. Sin afectos nos convertiríamos en seres sin sensibilidad ni intuición.

—Aunque existe una dosis de impulsividad, todos tenemos una manera de reaccionar que podemos regular, y eso depende de la forma en que hemos aprendido a hacerlo y, por lo tanto, se puede educar. (Rafael Bisquerra.)

—Las investigaciones de Rizzolati derivaron en el descubrimiento de las neuronas espejo. Tienen la capacidad de leer la intencionalidad de otras personas y de reproducir en nosotros las emociones que sienten los demás. Esto explica que cuando estamos ante alguien que nos sonríe, nosotros le respondamos con una sonrisa. De igual manera, si alguien se nos acerca con miedo, aunque trate de disimular, nuestras neuronas espejo captarán ese estado y nos pondremos a la defensiva.

—La Organización Mundial de la Salud prevé que hasta un 20 % de la población sufrirá trastornos psicológicos en el año 2020.

—Según datos de 2006, los trastornos mentales constituyen ya la causa más frecuente de carga de enfermedad en Europa, y la principal causa de discapacidad entre los trastornos mentales comunes son los trastornos afectivos.

—Un estudio realizado en Estados Unidos revela que más del 50 % de los fallecimientos que se producen cada año en ese país se deben a enfermedades de origen psicosomático.

2. EL MALTRATO SUTIL

Un día cualquiera, en una ciudad cualquiera, en un país cualquiera, nació una niña preciosa. Sus maravillosos ojos lo miraban todo con curiosidad. Y cuando comenzó a caminar por la ciudad le dijeron que para ser guapa había que llevar vestidos bonitos, por lo que dejó de sentirse guapa si no llevaba un lindo vestido. Le dijeron que si cambiaba el color de su piel sería más bella y la enseñaron a maquillarse, así que dejó de sentirse bonita si no iba maquillada. Le dijeron que para ser interesante tenía que ser más alta. Entonces, se puso y sufrió sus primeros tacones, pero se sentía bajita y enana si no los llevaba. Le dijeron que si quería ser atractiva tenía que ser delgada, y ya no pudo comer lo que le gustaba sin sentirse culpable. Le dijeron que su pelo... y le dijeron que su cintura... y le dijeron que su pecho... Hasta que aquella niña se sentía tan fea que todos los días necesitaba hacer grandes sacrificios para sentirse un poco más guapa. Terminó por estropearse la piel maquillándose todos los días; por destrozarse los pies al llevar tacones muchas horas; desnutrida por mantenerse extremadamente delgada. Le habían enseñado a ***no quererse como era****, y a necesitar cientos de añadidos para ser digna de los demás.*

Hasta que empezó a temer que los demás descubrieran cómo era ella en realidad. Y sintiéndose fea, se enamoró de un chico que la trataba como si ella no fuera digna de él y a ella le pareció ***normal****. Y sintiéndose así, fea y sin aceptarse a sí misma, permitió que la maltrataran.*

No olvides nunca que la verdadera belleza es una actitud y que eres increíblemente preciosa cuando eres ***auténtica****.*

Autor: Diego Jiménez

Este triste cuento nos narra la vida de muchos de nosotros. Nos importa demasiado lo que opinan los demás, lo que nos impone la sociedad, lo que dicen nuestros padres. Por eso, para ser aceptados, dejamos de ser nosotros mismos, de ser auténticos, y renunciamos a lo mejor que tenemos: a nuestra espontaneidad, a nuestra autenticidad, a nuestros sueños e ilusiones para convertirnos en algo que no somos y nunca seremos. Nos colocamos la máscara de turno pensando que así estaremos más seguros y podremos sobrevivir en un mundo injusto.

Cuando somos pequeños seguimos nuestros instintos e intuiciones para obtener nuestras necesidades. Somos felices. Vivimos nuestro *ahora* sin temor al futuro, sin anticipar preocupaciones ni permanecer en el pasado. Luego aparecen las pautas de nuestros padres vinculadas a las normas sociales, religiosas y culturales del país. Nos inculcan el concepto del bien y del mal con el fin de convertirnos en personas de provecho: «Esto es bueno», pero «si haces lo otro, eres malo». Somos socializados en el sistema de premio y castigo. Si somos buenos porque nos comportamos como nuestros padres quieren, nos premian, si no, nos castigan. En busca de la recompensa y escapando de la penitencia, intentamos ser como ellos piden. No elegimos nuestras ideas, nos son impuestas. Esa información se almacena en la memoria, donde queda grabada a base de repeticiones. Cánones como la delgadez y la gordura, la belleza y la fealdad, la inteligencia y la estupidez, la riqueza y la pobreza, aparecen por primera vez condicionando nuestros pensamientos. Y los creemos sin dudarlo. Esas opiniones de nuestros padres son las que pasan a formar parte de nuestro sistema de creencias. Nos pautan cómo debemos ser o cómo deberíamos comportarnos. Sentimos la necesidad de ser *perfectos* para ellos. Es cuando empezamos a aparentar lo que no somos y a enjuiciarnos: «Nunca conseguiré ser como ellos esperan de mí». Seguidamente, comenzamos una búsqueda que ocupará toda nuestra existencia, sin recordar que lo que procuramos ya lo tuvimos pero decidimos enterrarlo. La libertad se convierte en nuestro sueño, porque no somos libres de ser como deseamos. La felicidad nunca llega porque con tanta *perfección* hemos perdido nuestra propia identidad.

Las creencias las incorporamos a nuestro ser a base de repeticiones, de ahí tan profundo arraigo, pasando a formar parte de nuestro subconsciente. Tan sólo las podremos erradicar del mismo modo: a fuerza de repetición y práctica en el sentido contrario. Si has interiorizado que nunca conseguirás destacar en ninguna labor, cuando sólo te repitas «soy válido, no tengo límites, puedo conseguir lo que me proponga», lograrás contrarrestarlo. La buena noticia es que esto se puede alcanzar conociendo las emociones.

En la mayoría de los casos, empezamos a perder contacto con nuestro auténtico ser aproximadamente a los siete años. Pasamos de ser niños alegres y felices a comportarnos como adultos responsables, llenos de miedos e inseguridades, pensando que si no nos conducimos como se espera de nosotros seremos rechazados. Nos sentimos juzgados si expresamos nuestras sensaciones y sentimientos. Poco a poco, dejamos de mostrarlos y nos convertimos en niños tímidos con temor a decir algo inadecuado y ser reprochados por ello. Así perdemos nuestra verdadera personalidad, hasta que casi no queda nada de ella y comenzamos una vida que no es nuestra.

Nuestros mayores han actuado como pensaban que era lo

adecuado, para que sobreviviéramos en un mundo marcado por las luchas de poder y la competitividad. No debemos reprocharles nada, ellos lo hicieron como sabían y nosotros voluntariamente renunciamos a nuestro potencial percibiendo el mundo con sus ojos. Estoy segura de que recuerdas momentos en que pensabas: «Cuando tenga un hijo jamás haré esto; nunca le diré esto otro; me comportaré con él de otra manera; etc.». Y llegado el momento, te has conducido exactamente del mismo modo, expresando igualmente las mismas cosas. Todos actuamos por patrones aprendidos, y si aquella fórmula no era válida, no ha aparecido otra que la sustituya y mejore. Es necesario, por lo tanto, procurar nuevas herramientas que nos faciliten las relaciones con nuestro entorno. De eso nos ocuparemos en este libro.

He podido comprobar, por mi experiencia con los padres que han asistido a nuestra escuela emocional, que existe un serio problema en la comunicación familiar cuyo origen es el miedo. Un miedo imaginario, pues no es real, a enfrentarse a los hijos, a expresar el amor que sienten por ellos, a hablar con claridad de sus emociones como adultos. Son los padres los que esperan que ellos manifiesten sus emociones, pero ¿cómo lo van a hacer si no encuentran el apoyo y el modelo de sus mayores? ¿Por qué tememos tanto expresar nuestras emociones? La respuesta es porque nos parece un signo de debilidad. Expresar abiertamente nuestros sentimientos se traduce en pérdida de credibilidad frente a los hijos. Ya no serás un ser superior e infalible. Éste es el modo en que vamos cerrando la válvula de nuestros sentimientos.

Entre todos debemos acabar con esta falsa idea, que sin darnos cuenta se va transmitiendo de generación en generación. Debemos modificar estos hábitos familiares para que la sociedad cambie, no esperar a que los hijos crezcan y aprendan solos de la vida. No adoptar la posición del avestruz, que esconde la cabeza bajo la arena para no ver, ni actuar ni reaccionar. Pero no será posible si tú, como adulto, no cambias primero.

> «Si cambia tu modo de pensar, cambiará tu modo de sentir y tu forma de actuar.»
>
> AARON BECK

¿Crees en los milagros? Los milagros existen y están dentro de cada uno de nosotros. Podemos hacer realidad lo que queramos, estamos capacitados para modificar una relación tóxica y negativa en una próspera y positiva. Pero no esperes a que eso ocurra siendo el otro el que dé el primer paso. Facilita tú el cauce, esa posibilidad prioritaria está en ti. Si quieres transformar tu vida y tus relaciones cambia tú y modificarás todo a tu alrededor. Cambiará la sociedad.

Una alumna me contaba que tenía una relación muy dañina con su madre, que se sentía manipulada, que siempre la criticaba hiciera lo que hiciese, que le hacía sentir culpable por cualquier cosa, que se sentía insignificante. Esto le había hecho estacionarse en un segundo plano, en todas las facetas de su vida adulta, por no sentirse merecedora de cariño. Ninguna pareja era adecuada para ella y su inseguridad era patente en sus reacciones. Tras finalizar los seminarios, un día me llamó por teléfono. Su voz sonaba feliz y radiante: «¿Sabes qué ha pasado...? Que milagrosamente mi madre ha cambiado. Ahora hablamos como una madre y una hija, nos comunicamos sin peleas, me da consejos sin juzgarme, hasta me siento apoyada por ella. Y ¿sabes por qué ha cambiado todo? Porque he cambiado yo».

> «Las cosas no cambian, cambiamos nosotros.»
>
> HENRY DAVID THOREAU

Todos podemos solventar cualquier relación por muy atascada que se encuentre. Empatiza con la otra persona; con respeto ponte en su lugar, sufre con ella, entiéndela. Somos cien por cien responsables de nuestra vida y sus derroteros. Si nos bloqueamos en una relación es porque también algo de nosotros flaquea. Es un reflejo de tu interior que incomoda muchísimo cuando lo descubres en otro, pero no quieres verlo en ti. Debemos asumirlo, la única justificación a no hacerlo es porque nuestro ego busca cómo culpar a otros, justificando nuestra conducta. Rechaza ese ego soberbio que siempre apela a la razón. Piensa en el otro. Pide disculpas, aunque creas que es el otro el que debe demandarlas. Los conflictos son siempre un estímulo al aprendizaje, nos hacen superar nuestros obstáculos y avanzar, en lugar de inmovilizarnos, criticando o juzgando.

Un conocido me contaba el proceso de separación de su mujer. Por su actitud ante la vida nunca dejó de crecer y evolucionar. Tras quince años casados, su pareja se había estancado, seguía siendo la misma. No quiso acompañarle en su proceso de desarrollo y mejora personal, por miedo (falso y paralizante) a no estar a la altura. El problema radicaba en que no sólo no quería progresar, sino que tiraba de él para que se mantuviera igual de inmovilizado que ella. La separación fue difícil, ya que su compañera se negaba a entender los porqués. Dos años después de divorciados y sin hijos en el matrimonio, él aún seguía recibiendo recriminaciones, peticiones de dinero exageradas y promesas de que le haría la vida imposible. Un día, en su humildad, se puso en la piel de ella y logró entenderla. Descubrió que jamás intentaría reconocer sus carencias personales, que su resentimiento hacia él era su principal motivación. Si quería cambiar esa situación, tendría que comenzar por él mismo. Así que hizo algo que jamás había hecho: pedir perdón. Desde su crecimiento, supo situarse en los sentimientos de su ex mujer y sufrir con ella. Desde ese momento, la relación se transformó. Ella abandonó las amenazas y reproches. Con el tiempo se centró y creó una familia al lado de otra persona que entendía la vida bajo su mismo prisma.

Cuando te veas empujado a opinar, tratando de llevar razón imponiendo tu criterio, será el momento de hacer un alto y observar atento las reacciones de la otra persona, incluyendo conductas y comentarios. Con este análisis, que te aportará puntos de vista que ni siquiera imaginabas, llegarás a la humildad. Desde la modestia todo es diferente, los demás se acercan a ti porque transmites luz y verdad.

Con este libro pretendo que juntos viajemos al territorio de las emociones. Comprenderemos por qué son tan importantes en nuestra vida y por qué los cambios son tan necesarios, aunque a veces nos cause temor afrontarlos. Si no cambiamos no crecemos, instalándonos en ese determinismo impuesto por la masa que nos parece inevitable. Acostumbramos a situarnos en nuestra «zona de confort». En función de los mensajes recibidos en la infancia, «eso no se hace así, no inventes, eres débil, tú no puedes, etc.», nos creamos un mundo en el que, aunque no seamos felices, nos sentimos cómodos, pues es donde hemos pasado la mayor parte de nuestra vida. Ésa es nuestra «zona de confort». Nos establecemos en la rutina por comodidad, somos animales de costumbres. No nos gusta, no la deseamos, pero el miedo imaginario a caer en el abismo de lo desconocido nos paraliza. Preferimos quedarnos perpetuamente en nuestro mundo conocido. Y nos perdemos la vida. En Maryland, 1916, comprobaron que una determinada especie de ciervo corría peligro de extinción. En ese período, tan sólo quedaban cinco ejemplares y se decidió trasladarles a una isla paradisíaca, donde hubiera agua y vegetación en abundancia sin peligro de depredadores que les acecharan. Al cabo de treinta años, la especie se había reproducido hasta llegar a los trescientos ejemplares. Sin embargo, tres años después murieron las tres cuartas partes de la población. Los científicos analizaron todos los factores, encontrando todo en perfectas condiciones. ¿Cuál fue la causa de su muerte? En las autopsias encontraron lo que buscaban. La respuesta estaba en las glándulas suprarrenales. Situadas sobre los riñones, se activan ante situaciones de estrés. El problema es que no había ningún motivo para el estrés, todo era tan idílico que no tenían que esforzarse lo más mínimo para conseguir cualquier necesidad. Su vida era tan cómoda que morían de aburrimiento.

Necesitamos motivaciones, retos, activar nuestros recursos. Establecernos demasiado tiempo en esa zona de confort va minando nuestra vida por dentro. Nuestro interior se va apagando y muriendo. Mi propuesta con esta lectura es liberarnos de esa área confortable («más vale lo malo conocido que lo bueno por conocer») y alcanzar la «zona de expansión», donde no hay imposibles. PUEDES «IR TIRANDO» O ELEGIR SER FELIZ.

Una vez conoces las causas de tus miedos e inseguridades, ya no temes expandirte, ya no te inquieta *perder* lo que en realidad está matando tus ilusiones. Ante los desafíos, tenemos muchos más recursos de lo que pensamos. Nuestras creencias están ahí, para impedir lo nuevo, para bloquear nuestros deseos y ambiciones, para contener nuestra imaginación. Nos cerramos y parapetamos bajo la infeliz creencia de que el conformismo y la resignación son nuestra máxima aspiración. Si estás instalado en esa zona de comodidad, prepárate para dar un vuelco a tu vida. Sólo atreviéndote a experimentar cosas nuevas y diferentes de lo habitual estarás vivo. Volverás a sentir la alegría de vivir y comprobarás tu potencial de energía ilimitada. Porque eres capaz de hacer frente y plantar cara a las adversidades saliendo reforzado. Estarás orgulloso de ti.

Voy a contarte el caso de mi amigo Eduardo. Era directivo de una multinacional que prescindió de sus servicios por recortes en la empresa. Lo primero que hizo fue buscar otro empleo para mantener su ritmo de vida. Aceptó la oferta de asociarse con otros dos profesionales. Era prioritario encontrar algo rápido y se agarró a esta primera propuesta como a un clavo ardiendo, sin valorar la seguridad que podría obtener, ni los riesgos que podría correr. Esta decisión impulsiva, por miedo a perder su fuente de ingresos económicos, le impidió ver la espiral destructiva en la que se estaba introduciendo. La sociedad resultó un fiasco: en dos años acumularon grandes pérdidas de las que él tuvo que responder. No le quedó más remedio que vender su casa para pagar los créditos. Tenía cincuenta años y estaba en la ruina. Su estado de ánimo era tan negativo que su mujer decidió abandonarle. Esto ya era demasiado. No estaba dispuesto a perder a la mujer de sus sueños. Así despertó de su pesadilla. Se propuso crear algo, innovar. No tenía nada que perder. Apostó por sus ilusiones y sin cejar en su empeño afloraron sus aptitudes. Cuando vencemos nuestros miedos y alejamos las dudas, la vida nos recompensa con oportunidades. Creó una nueva aplicación informática, que ofreció a un antiguo compañero y se extendió como la espuma. Recuperó a su mujer y hoy ha acumulado una fortuna. Como él, tú también puedes ser el ave fénix que renace de sus cenizas. NO PERMITAS QUE NADA NI NADIE SE INTERPONGA EN EL ÉXITO DE LO QUE QUIERAS CONSEGUIR.

A través de las páginas de este libro conocerás conceptos nuevos y aprenderás cómo aplicarlos en tu vida cotidiana. Seguramente, al principio te parecerá difícil, incluso imposible. Lo aprendido de pequeños lo practicamos durante treinta, cuarenta, cincuenta años. No se puede cambiar de la noche a la mañana. Requiere disciplina y aptitud. Intentar comprender demasiado rápido y sin paciencia es como arrancar una rosa cuando aún es un incipiente capullo, por empeñarte en ver la flor inmediatamente. Recomiendo que comiences con pequeñas pruebas, ensayando lo que vas asimilando, con personas cercanas de tu entorno, comprobando que es válido y funciona. Te animará a aplicarlo poco a poco en todos los campos de tu vida, con familiares, pareja, hijos, amigos y también en tus relaciones profesionales.

En los próximos capítulos de esta segunda parte, conocerás qué son las emociones, su utilidad y practicidad. Negarlas es negar la vida, y reprimirlas es como llevar un corsé opresor que limita tu libertad de expresión y de movimientos. La segunda parte te ayudará a conocerte mejor y a saber por qué actúas como actúas en cada momento de tu vida. Encontrarás las respuestas a por qué a veces sientes un miedo que te paraliza a la hora de tomar decisiones; por qué otras veces sientes envidia cuando alguien se lanza a hacer algo que tú no te atreves; por qué en determinadas situaciones sientes ira irrefrenable y no paras hasta conseguir amargar la vida del que está al lado; y por qué en ocasiones prefieres la huida antes que enfrentarte de cara a los problemas. Dispondrás de datos suficientes para conocer y evaluar tus reacciones, aprenderás de ellas al decidirte a observarte y tomar conciencia de tus impulsos. Querrás conocerte a ti mismo, expresando tus sentimientos con autenticidad. Te guste o no, es el único camino que te conducirá a la felicidad. Aquí no valen los atajos ni las trampas. Lo único realmente válido eres tú, ese ser auténtico que ya ni recuerdas cómo era. Para ello aporto mi experiencia e interpretación de las emociones, sus funciones y disfunciones, a partir de los principios del MAT (ciencia que estudia el comportamiento humano, desarrollada por la doctora Preciada Azancot).

A través de ejemplos cotidianos y prácticos, comprenderás muchas de tus reacciones y sabrás actuar sin temor a sentirte asustado ni perdido. Mis experiencias como docente ayudan a establecer un guión de fácil aplicación que te permitirá resolver cualquier situación. Los niños son fuente de sabiduría sin contaminar. Acércate a ellos, ya sean hijos, sobrinos... Ten en cuenta que, en muchas ocasiones, los niños son los mejores maestros, pues muestran de forma más natural el camino auténtico del uso de las emociones.

SEGUNDA PARTE

EL MUNDO DE LAS EMOCIONES...

3. ¿QUÉ SON LAS EMOCIONES?

«Tu forma de ver la vida es un barómetro de tus expectativas, basadas en lo que te han enseñado que vales y lo que eres capaz de lograr. Cambia tu forma de ver las cosas y cambiarán las cosas que ves.»

WAYNE W. DYER

Me gusta hablar de la «energía emocional». Igual que hablamos de energía solar, energía eólica, energía hidráulica, podemos hablar de la energía de las emociones. Tan potente y útil como aquéllas, es la que nos moviliza, nos permite avanzar y reaccionar. Proviene del latín *emovere*, que significa «poner en movimiento». Es la energía que recorre las células de nuestro cuerpo preparándolo para la acción. Es lo único que nos puede transformar en personas completas, libres y en paz. Sin ella no existiríamos, pues energía y vida son conceptos inseparables. Debemos, de una vez por todas, suprimir esa predisposición a pensar que las emociones son estados de ánimo que vienen y van al azar. Que puedes caer víctima de la ira o de la desesperación sin tener conciencia de ello.

Continuamente estamos experimentando emociones. El simple hecho de comprar este libro ha movido algo en ti: curiosidad, escepticismo, ilusión, sensación de pérdida de tiempo, posibilidad de aprendizaje. No podemos evitar sentir, lo manifestemos o no, pues somos emociones, ellas son el motor de nuestra vida. Nos facilitan una gran información sobre nosotros mismos, respondiendo a nuestras preguntas existenciales: ¿qué me pasa?, ¿por qué hago lo que hago?, ¿para qué estoy aquí?, ¿cómo puedo mejorar?, ¿cuándo conseguiré el éxito?, ¿dónde está el peligro? A partir de esos indicadores, podremos rectificar y amoldar nuestras conductas y pensamientos en aras de modificar las situaciones y relaciones en cualquier contexto. Si aprendemos a tratarlas con inteligencia, lograremos resultados sorprendentes. Entender el papel que desempeñan las emociones, en todos los ámbitos de nuestra vida, se torna vital para evitar disfunciones emocionales que son las causantes de infinidad de efectos negativos como ansiedad, estrés, depresión, impotencia, etc., y de alteraciones somáticas, origen de graves trastornos físicos y mentales.

Su diagnóstico correcto es lo que nos permite lograr el equilibrio entre reconocerlas y dejarnos arrastrar por ellas. Si conocemos su utilidad y sus riesgos, seremos capaces de gestionarlas.

LA GESTIÓN DE LAS EMOCIONES

La gestión emocional no consiste en controlar y decidir: ahora voy a sentir alegría y ahora prefiero tristeza. Al contrario, nos ayudará a utilizarlas correctamente y a extraer la máxima sustancia de ellas. Lo natural en la vida son los problemas y los conflictos, sin embargo, tenemos en nuestra mano la posibilidad de dar la vuelta a la tortilla en esas situaciones. Dirigiendo correctamente el potencial de las emociones, conseguiremos transformar los contratiempos en circunstancias que nos abran a nuevas oportunidades.

Todas las emociones tienen una finalidad, existen para algo, cada una tiene su función, nos pueden aportar seguridad o justicia, nos ayudan a resolver problemas, se encargan de nuestra creatividad, nos hacen ser solidarios, nos permiten disfrutar y tener ilusiones. Pero para alcanzar esos objetivos debemos aplicarlas adecuadamente ante cada hecho concreto. No es válido utilizar cualquiera arbitrariamente. Cada emoción moviliza algo diferente en nosotros y sólo conseguiremos cumplir nuestro objetivo si captamos correctamente la realidad de lo que pasa a nuestro alrededor. Pero no de un modo caprichoso, sino aplicando la pura lógica. Si, por ejemplo, alguien a quien no conoces se acerca a ti ofreciendo su ayuda y respondes con la emoción miedo, cerrarás la puerta a nuevas amistades y caerás en la desconfianza. Como resultado, el otro se sentirá decepcionado y no lo intentará más. Éste es un ejemplo de mala utilización de la emoción miedo. Si acostumbras a reaccionar de este modo, determinarás que el mundo es peligroso, que no se puede confiar en nadie, que estás solo, aceptando que el miedo es algo negativo porque te reprime.

Habrá quien diga: «Yo no quiero ser víctima de mis emociones, prefiero el libre albedrío». Justamente porque lo tienes, posees la potestad de elegir entre sentirte bien, con el buen uso de las emociones, o dejarte ir a la deriva sin horizonte. ¿Escogerías estar resentido, tener envidia, sentirte culpable?

Las emociones están siempre presentes en nuestra vida, forman parte de nuestra intimidad, y estamos muy estrechamente vinculados a ellas. Nos facilitan referencias para obtener respuestas correctas. Así, la rabia nos puede llevar a modificar situaciones injustas, o el miedo nos protege del peligro. El miedo ha ayudado a nuestros antepasados de las cavernas a escapar de las fieras, mientras que la rabia les ponía en disposición de afrontar las adversidades. Esto ya lo defendió Charles Darwin cuando afirmaba que las emociones son las que han permitido a nuestra especie escapar de la extinción.

EMOCIONES POSITIVAS Y NEGATIVAS

Es habitual asegurar que la rabia, la tristeza y el miedo son emociones negativas. La rabia porque nos lleva a la ira, a perder el control de la situación y a parecer locos furiosos. La tristeza porque nos conduce a la depresión, a la nostalgia, a lo inevitable, y el miedo porque nos bloquea y paraliza.

Sin embargo, pregunto: «Sin rabia, ¿cómo me expreso si alguien me manipula?, ¿cómo hago respetar mis ideales?, ¿cómo me enfrento a un agresor?». Parece que la rabia puede ser útil y necesaria en determinadas situaciones. En cuanto a la tristeza: «¿Qué hago para superar una pérdida?, ¿de qué modo puedo terminar con un dolor o sufrimiento si no es afrontándolo?, ¿hay algún otro modo de aprender, que no sea observando nuestros errores para no repetirlos?». Por lo tanto, la tristeza también debe tener un papel importante en nuestras vidas. ¿Y el miedo?: «¿Cómo podría defenderme de un peligro?, ¿cómo voy a saber de dónde viene una amenaza?, ¿dónde obtengo seguridad?». Nos guste o no, el miedo también es indispensable.

Tantos años teniendo un concepto equivocado de determinadas emociones, por desconocimiento, nos han conducido a clasificarlas y etiquetarlas como buenas o malas, positivas o negativas. No obstante, comprobaremos que todas son necesarias para el equilibrio de una vida completa y sana. Es tan sólo el correcto o incorrecto uso que hagamos de ellas, lo que determinará que los resultados que obtengamos sean los deseados o los contrarios.

EMOCIONES AUTÉNTICAS Y EMOCIONES FALSAS

Es muy importante conocer que, ante cada circunstancia de nuestra vida, sólo existe una única emoción adecuada que pacifica nuestro interior. Ésta será la *emoción auténtica.* Aplicar cualquier otra no sólo distorsionará la situación, sino que prolongará la inquietud en el tiempo y creará nuevos obstáculos, causando disfunciones emocionales y trastornos en nuestra salud. Éstas serán las *emociones falsas o sustitutivas*, porque sustituyen la emoción deseable por otra. Cuando analicemos en profundidad cada una de ellas veremos qué nos pasa, y qué sucede a nuestro alrededor, cuando en vez de utilizar la emoción auténtica decidimos sustituirla por la que *no toca* en ese momento.

Tanto la tradición, como la cultura y la predisposición natural, hacen que prestemos una especial atención a aquello que genera emociones consideradas negativas. Pensamos que estas últimas nos llegan inevitablemente, mientras que las positivas debemos construirlas de un modo consciente. El simple hecho de focalizar lo negativo creará emociones negativas, pues **lo que pensamos es lo que atraemos**. Pero si, ante el mismo hecho, intentamos reflexionar sobre los aspectos positivos, para aprender, para mejorar, para sentirnos bien, potenciaremos las emociones verdaderas con el consiguiente bienestar.

En realidad, no existen emociones positivas ni negativas. Todas serán positivas si se aplican de un modo adecuado, es decir, si son auténticas; o negativas si reaccionamos con una emoción falsa. Advertiremos que el miedo, la tristeza y la rabia son tan positivas y útiles como el orgullo, el amor y la alegría, si se sienten ante los estímulos correctos, obteniendo como resultado alivio y bienestar. Mientras que todas ellas podrían ser negativas o falsas si sustituyéramos la «apropiada» por otra que no corresponde en ese momento, lo cual creará tensión y malestar. Por ejemplo, si recibes una agresión externa, lo sano sería expresar rabia, pero si rechazas manifestar esa ira y reaccionas llorando, diremos que estás sustituyendo la rabia auténtica por una falsa tristeza, que te restará vitalidad y te hará sentir culpable por no haberte atrevido a actuar. Si este sentimiento de culpa perdura en el tiempo, entonces la emoción se convierte en estado de ánimo, quedándonos atrapados en él durante semanas, meses o incluso años. Por todo ello, se hace esencial que reconozcamos que esas antiguas formas de pensar y de actuar nos han conducido al punto donde nos encontramos actualmente. Incluso si no las identificamos, las creencias están ahí, para controlarnos y usurpar nuestra voluntad.

Al principio parece muy difícil reconocer cuál es el sentimiento adecuado. Jugad a «ésta es la emoción que toca y ésta es la falsa» mediante la observación y la toma de conciencia. Tenéis un camino apasionante y muchas cosas por descubrir. Un método que funciona muy bien es observarte cómo te sientes en cada situación. Si estás lleno de vida, alegre y positivo, es seguro que aplicas las emociones correctamente. Si, por el contrario, estás apagado, sin ganas de hacer nada, falto de energía o con pensamientos negativos sobre ti o sobre los demás, es que has respondido inadecuadamente ante algún acontecimiento. Porque las emociones nos dicen con exactitud la cantidad de energía vital que estamos obteniendo o desperdiciando. Pretender no sentir o no expresar nuestros sentimientos nos produce estrés y nos enferma. No actúes como si estuvieras por encima de todo. Si quieres ser humano, ¡emociónate! Es la única forma de no pasar de largo por la vida.

En la tercera parte, analizaremos uno a uno todos los posibles casos, para comprender los beneficios o perjuicios que las emociones pueden producir en nuestras vidas.

EMOCIÓN =	ENERGÍA EN MOVIMIENTO. NOS MOVILIZA E IMPULSA A PASAR A LA ACCIÓN.
EMOCIÓN AUTÉNTICA =	SOLUCIÓN DE PROBLEMAS. ENERGÍA POSITIVA. SALUD FÍSICA Y PSICOLÓGICA. MOTIVACIÓN Y ENTUSIASMO.
EMOCIÓN FALSA =	AUMENTO DE PROBLEMAS. NEGATIVIDAD. TRASTORNOS EN LA SALUD.

También debemos prestar atención a la intensidad y duración de las emociones. Porque aunque una emoción sea auténtica, por responder al estímulo apropiado, si se manifiesta de una manera exagerada o perdura en el tiempo también será falsa.

Pedro había regalado a su novia María un precioso anillo que ella lucía orgullosa en cualquier ocasión. Debido a un despiste, perdió la joya, entristeciéndose por ello. La tristeza es la emoción correcta si sufrimos alguna pérdida. Hasta aquí todo va bien. Sin embargo, pasan los meses y María sigue apesadumbrada por su pérdida, tiene una pena tremenda, está desconsolada y melancólica. La tristeza se ha convertido en una emoción falsa, que la torna negativa y apagada. Es una reacción excesiva en duración frente al estímulo de pérdida de un anillo.

Blas ha sido traicionado por su mejor amigo, se enfurece y siente rabia. Es una emoción correcta, pues ha padecido una injusticia. Es la hora de pasar a la acción y poner los puntos sobre las íes para aclarar la situación. Pero, encolerizado, Blas pretende ir más allá, la ira le supera y quiere vengarse. Decide incendiar la casa del traidor. Esa rabia que en un principio era la emoción acertada, que expresada apropiadamente hubiera puesto las cosas en su lugar, se ha convertido en deseos de destrucción, en una reacción tremenda en intensidad con relación al estímulo. Una emoción falsa que creará graves perjuicios.

LAS MOTIVACIONES HUMANAS

Existen seis motivaciones que el ser humano precisa para obtener una vida plena. Cuando falta alguna, encontramos un vacío en esa área que limitará nuestras posibilidades. Para compensarlo, solemos proceder inflando desmedidamente cualquier otra. Normalmente, dependen de las influencias y mensajes recibidos en la infancia:

SEGURIDAD: Cada persona debe sentirse segura y preservar su intimidad. Se alcanza mediante la introspección y el conocimiento propio y ajeno, pilar para saber de quién fiarnos y qué amenazas pueden alterar nuestra integridad.

DESARROLLO: Como seres inteligentes, necesitamos aprender y mejorar escalonadamente para superar obstáculos y solucionar los problemas que se presenten, logrando el aprendizaje que nos impulse a evolucionar.

JUSTICIA: Todos precisamos sustentarnos sobre unos valores justos y equitativos, reaccionando ante las injusticias y manipulaciones que traten de impedírnoslo.

RECONOCIMIENTO: Cualquier persona necesita el reconocimiento de su valía y acceder a su capacidad creadora.

PERTENENCIA: Vivimos momentos de solidaridad. Es vital implicarnos en el grupo de referencia que elijamos.

PLENITUD: Significa paz consigo mismo y con el entorno. Poder fluir y disfrutar en libertad en compañía de nuestros semejantes.

Para lograr estas motivaciones humanas contamos con las emociones. Pero no al azar, pues cada emoción se encarga de posibilitar un objetivo vital. Por eso es tan importante la buena gestión emocional como vía para conseguir que nuestras necesidades y motivaciones sean equilibradas y activas. En una de sus conferencias, el doctor Mario Alonso Puig establecía la relación entre las motivaciones y los estudios neurológicos: «Cuando alguien se siente seguro, reconocido y en pertenencia con otras personas, se produce un riego en el área prefrontal del cerebro, que repercute positivamente logrando que todo fluya y los problemas se resuelvan. De otro modo, cuando la persona experimenta inseguridad, esto no sucede. Además, aumenta la neuroplasticidad. Es decir, somos capaces de crear más neuronas cuando nuestras necesidades están satisfechas y nos sentimos apreciados». Estos estudios científicos nos demuestran una vez más que el conocimiento en el aquí y ahora de las emociones favorecerá una existencia plena.

4. POSTURAS QUE ADOPTAMOS ANTE LAS EMOCIONES

La conducta más habitual ante las emociones es ignorarlas, escapando de nuestros sentimientos. Si conseguimos no evaluar lo que sentimos, creemos que estaremos a salvo de los juicios externos, librándonos del padecimiento que conllevan las emociones. Mi propuesta es justamente la contraria: modificar nuestra relación con ellas. Afrontarlas, percibirlas, aceptarlas, vivirlas. Utilizaré para ilustrarlo mejor la formulación que describe Christopher K. Germer, en su libro *El poder del Mindfulness*:[1]

Sufrimiento = Dolor x resistencia

El dolor es la referencia ante cualquier circunstancia incómoda que ocurra en nuestras vidas, como un accidente, enfermedad, impotencia ante la consecución de un objetivo, una agresión. La resistencia es el acto del esfuerzo para oponerse al dolor. Mientras

1. *Mindfulness*: Práctica para manejar, con atención y conciencia plenas, las situaciones en la vida diaria.

que el sufrimiento surge justamente cuando tratamos de evitarlo y de resistirnos a ese dolor. Porque aquello a lo que nos resistimos es lo que persiste.

La actitud y manera con la que nos enfrentemos a las situaciones dolorosas es lo que determinará nuestro grado de sufrimiento. Si tomamos la decisión de no oponer resistencia al dolor, la pena se evapora, dejando de dar vueltas innecesarias a los problemas que lo crearon. Dejaremos de sufrir anticipando calamidades. Dramatizar hasta la obsesión puede convertir nuestra vida en un cúmulo de tragedias.

Una alumna de mis seminarios tiene un hijo que saca malas notas, dando por hecho que repetirá curso. Ésta es una situación que acarrea una preocupación escolar. Veremos, en el capítulo correspondiente, que la única emoción válida ante una pérdida de este tipo es la tristeza, que aportará soluciones para que esa situación no reincida. Esta madre, sin embargo, ha creado todo un drama: su hijo ya no irá en el curso programado, seguro que volverá a repetir algún año más, así que cuando sea universitario acabará la carrera más tarde que otros. Un tema que no se quita de la cabeza, no puede parar de darle vueltas. Se ha bloqueado, lamentándose por el pasado y preocupada por un futuro incierto.

Si le pides a alguien que deje de pensar en algo (una jirafa verde, por ejemplo) descubrirás que esa idea rondará por su cabeza continuamente. Cuanto más se esfuerce en abandonarlo más va a acudir a su mente. Los pensamientos que apartamos vuelven para obsesionarnos. Por eso es insano reprimir nuestros sentimientos, acabarán atrapándonos y siempre se presentarán con disposición negativa.

De ninguna manera debemos evitar sentir emociones, al contrario, debemos conocerlas, congraciarnos con ellas, verlas como algo natural y positivo que forma parte de nuestra naturaleza, y que será lo que posibilite una vida feliz y plena.

RESISTIR LA TENTACIÓN

En unas conferencias sobre educación emocional y social, el catedrático de psicología de la Universidad de Málaga, Pablo Fernández Berrocal, propuso a los asistentes lo siguiente: «Al finalizar la conferencia, el que quiera, que pase por recepción y recibirá 1.000 €, pero los que esperen una semana recibirán 1.100 €. ¿Quién no quiere esperar y llevarse el dinero hoy?». Como habréis imaginado casi todos levantaron la mano. Ésa no es una respuesta emocionalmente inteligente. Sin embargo, el refrán «más vale pájaro en mano que ciento volando» se hace presente y se convierte en una creencia que nos hace perder 100 € en una semana. Nos movemos por impulsos sin calibrar las opciones ni los resultados.

El psicólogo Walter Mischel realizó una investigación a largo plazo sobre el autocontrol, que ilustra la importancia de demorar la gratificación de un objeto deseado. Escogió a un grupo de niños de entre tres y siete años, a los que dejó solos en una habitación con un bombón. Afirmó que si resistían la tentación de comerse el dulce, durante los cinco minutos que él permaneciera fuera, obtendrían dos bombones. La mayoría se lanzó a por la golosina inmediatamente, otros se cruzaron de brazos tratando de desviar su atención del estímulo. Los pocos que fueron capaces de aguantar la demora de la gratificación se convirtieron en adolescentes con más éxito que los impulsivos. Lograron matricularse en la universidad, soportaron mejor la presión de los exámenes, obtuvieron trabajos mejor remunerados, matrimonios más felices y una excelente salud. Los que no se pudieron contener, padecieron más problemas de adicciones.

Ser capaces de controlar los impulsos en la edad temprana determina las habilidades sociales y la fortaleza del pensamiento en el futuro. Este autocontrol desempeña un papel importante en nuestros hábitos de salud y bienestar de por vida. Estas facultades se pueden ejercitar mediante las emociones. Una persona que maneja sus emociones de un modo adecuado y eficaz se manifestará de un modo tranquilo, sosegado, extrayendo el máximo provecho de todos los indicadores disponibles en su entorno. Mientras, una persona impulsiva y excitada, por irreflexiva, sólo utilizará una parte de la información, sin percibir siquiera lo que está desperdiciando.

¿POR QUÉ DEBEMOS PONER NOMBRE A LAS EMOCIONES?

Tanto si queremos como si no, estamos sintiendo emociones continuamente. Pararnos a observarlas, a notarlas, nos facilitará la tarea de reconocerlas. Si estás en un atasco de tráfico, y te vas enfureciendo porque no llegas a tiempo a una reunión importante, el hecho de reconocer qué está pasando fuera y dentro de tu cuerpo te aportará tranquilidad. Detectarás que mueves los dedos con impaciencia, que miras desesperadamente el reloj cada minuto, que suspiras, que la cabeza empieza a dolerte, etc., comportamientos excesivos de inquietud. Y todo eso, en el transcurso de apenas unos minutos. Si en medio de esa vorágine te permites una reflexión de unos segundos, y percibes de un modo consciente cómo has llegado a esa situación de ansiedad rozando el pánico, no serás víctima de tus emociones. Te dirás: «Mira, la que estoy liando por un atasco que no es algo que yo haya provocado ni podido evitar». Ya estás experimentando relajación. «¡Ah, eso es miedo a llegar tarde!, bueno, tampoco es un peligro llegar con retraso, posiblemente no debería sentir miedo.» O también: «¡Me estoy poniendo histérico! Bien, tampoco la situación es para tanto».

Atender a cómo respondemos en los acontecimientos diarios nos aportará, además de valiosa información personal, conciencia de nuestra experiencia vital en cada momento. La base del propio conocimiento y el de los demás es la observación. Si alguien te saluda con un apretón de manos húmedas de sudor, podrás determinar que está tenso y tiene miedo, pero nunca podrás llegar a esa conclusión si no observas. Ésta es una práctica que ofrece resultados espectaculares, pero hay que realizarla con calma, tomándonos el tiempo necesario, para no entrar en el agobio de controlar, que sería lo nocivo.

Es bueno y positivo definir lo que notamos y sentimos: esto

es curiosidad; ahora me siento tenso; estoy desesperado; me siento vacío, con esta persona siempre me duele la cabeza; cuando ceno melón estoy indigesto y no duermo; mi padre me pone furioso. El poner nombre nos hace aceptar las situaciones como son, y cuando lo aceptamos nos abrimos a saber qué nos sucede al instante, con el fin de reconocer lo que nos daña o perturba.

Imagina un escenario y analiza tu capacidad de observación: piensa cómo actúas cuando tienes un objetivo que cumplir, una meta concreta que alcanzar. Te lanzas a por ella sin pensar, sin mirar, sin fijarte en lo que hay a tu alrededor. Probablemente empujes y avasalles a otro sin siquiera darte cuenta, no te paras a escuchar, vas tan obsesionado, tan metido en tu papel que te pierdes la valiosa información, los decisivos detalles que te ofrece continuamente el entorno. Ahora imagina esa misma meta, pero esta vez te propones alcanzarla con una sutil diferencia, disfrutando por el camino. Parándote, conociendo nuevas personas, aprovechando distintas opciones y posibilidades. Tu meta ya no será tan importante, porque estás observando, aprendiendo y viviendo el camino. A lo mejor, cuando llegues al objetivo ya no te interesa tanto, quizá haya aparecido una mejor oportunidad que en ese momento valores más. Tu primera práctica, por lo tanto, es la observación, estar alerta a lo que deseas y poner nombre a todo lo que sientas.

Miguel, un profesor universitario, estuvo preocupado por su salud durante algún tiempo sin que nadie le pudiera decir qué le pasaba realmente. Un buen día, empezó a notar que la glotis se le cerraba cuando trataba de comer o beber. Tras varias revisiones y tratamientos con medicamentos, su salud no sólo no mejoraba, sino que iba a peor. Tratando de diagnosticar si había algún motivo emocional, recapacitó sobre el momento exacto en que le ocurrió por primera vez, quiso recordar con quién estaba y qué acontecimientos estaban ocurriendo en su vida. Con cierta timidez al principio (no nos gusta reconocer los hechos negativos de nuestra vida), pero con más voluntad cada vez, observó que su garganta no tragaba porque aún no había aceptado que en su universidad hubiesen rechazado un proyecto en el que estuvo trabajando varios meses con grandes expectativas. Aunque mentalmente parecía no haberle dado importancia, a nivel emocional aún no lo había asimilado, y, como no tragaba el rechazo, tampoco la comida. Una vez interiorizado el hecho y siendo consciente de él, se permitió sentir la tristeza correspondiente a la pérdida de sus expectativas y digerirla a su manera. Esto fue desbloqueando su glotis, una vez liberada de la presión emocional.

Obviamente, la observación y aceptación nos va a costar más cuando se trate de emociones que calificamos de negativas y que nos resulta incómodo reconocer. La envidia, la cobardía, la vergüenza, la depresión, la negatividad... Cuando algo no nos gusta, no prestamos atención y lo negamos rotundamente. Esos fallos los cometen otros, no nosotros. Por eso es importante entrenar la observación y canalizar la emoción, nos guste o no. Mirarnos el ombligo y admitir que también nos ocurre a nosotros. Sólo así podremos crecer y mejorar.

¿ERES CONSCIENTE?

Tras la observación, aparece la toma de conciencia, que forma parte de la aceptación, ya que voluntariamente decidimos asumir un hecho determinado. Nunca podremos alcanzar la tranquilidad y menos aún la felicidad si esquivamos los sentimientos. Es absolutamente incierto que en la ignorancia seamos más felices. ¿Cómo vas a superar un problema, en el que te has quedado atrapado, si primero no eres consciente de él? Tirarías por el camino fácil de culpar a los demás, pero el inconveniente sigue y permanecerá ahí sin solución, empeorando y amargando tu vida. Porque el conflicto está en ti, eres tú, y la respuesta acertada o equivocada la decides tú. Estate atento, alerta, observa, acepta y toma conciencia. Cuando conozcas bien las emociones aplicarás correctamente la conveniente en cada caso. Así es como resuelve las dificultades una persona comprometida consigo misma y con su bienestar. Siendo consciente de sus limitaciones para superarlas y de sus fortalezas para aplicarlas con vitalidad. Deja de juzgar a otros, céntrate en ti, en tu vida. Ésa es tu prioridad. Asume tus errores, tus dudas, tus miedos y sabrás cómo encauzarlos.

La atención también es un apartado que hay que tener en cuenta. Cuando digo «debes estar alerta y atento a las señales que recibes cotidianamente», no me refiero a que estés como un radar pendiente de todo sin un momento de relax. Es más bien lo opuesto. Significa estar placenteramente disfrutando de tu vida pero con las antenas puestas. Observa un perro, puede estar durmiendo, pero en cuanto oye el mínimo ruido reacciona y sale corriendo a ver qué pasa. Pues lo mismo podemos hacer nosotros, estar con las antenas dispuestos a notar y percibir las reacciones que se producen en nuestra mente por nuestros pensamientos o por comentarios externos; y en nuestro cuerpo por somatizaciones de emociones no canalizadas. Una persona que funciona emocionalmente bien está equilibrada, y nota el mínimo malestar en su cuerpo. Intervendrá de inmediato al haber tomado conciencia de que algo no funciona como es debido. Con nuestros pensamientos pasa igual. Una mente ocupada todo el tiempo en discursos interiores, anticipando situaciones futuras, reprochándose no haber actuado de determinada forma en alguna ocasión, es una mente confusa e inestable. Porque cuando se aplican las emociones consciente y correctamente la mente no se enturbia, fluye clara y limpia. Reconocer es de sabios, porque sólo si tomas conciencia y reconoces primero, podrás rectificar después.

1. Observar sin jugar	Estar alerta Poner nombre
2. Tomar conciencia	Reconocer y aceptar
3. Analizar	Utilizando la correcta gestión de las emociones

EMPATÍA Y COMPASIÓN

La empatía es la capacidad de ponerse en el lugar del otro. Cuando eres capaz de empatizar con alguien, le entiendes, comprendes sus comportamientos y no le criticas. Sabes que tú también te desorientas muchas veces y agradeces cuando alguien te tiende una mano amiga y adivina que estás pasando un mal momento.

Una alumna nos relataba en un seminario que en los últimos meses su marido estaba insoportable, criticaba a todo el mundo, alzaba la voz a sus compañeros de trabajo, incluso con los niños no era tan alegre como de costumbre. Cuando ella le intentaba hacer ver lo malhumorado que estaba, él lo negaba casi con agresividad. La situación se convertía en intolerable y la distancia entre ellos aumentaba día a día. A través de la empatía, empezó a entenderle, comprendiendo la tensión que arrastraba debida a la inestabilidad en su trabajo. Creía que iba a perderlo por reducción de trabajadores en su empresa y esa situación de rabia la revirtió contra sí mismo. Sintiéndose culpable por un lado y furioso por otro. Ella, desde fuera, pudo apoyarle tan sólo usando la empatía. Al sentirse comprendido y encontrar consuelo, sin recibir reproche tras reproche, fue reconociendo cómo había caído víctima de sus emociones sin control, y luego, tras la aceptación, pudo analizar su conducta desde una disposición diferente.

La compasión va mucho más allá. No sólo es situarse en el lugar del otro, sino además solidarizarse con sus luchas interiores. Es desear que el otro esté libre de sufrimiento. Para ser compasivo es preciso no juzgar, y responder de una manera comprensiva. Es ese hombro amigo que te va a acompañar, cálido y cercano, sin pedirte explicaciones, sin darte consejos que en esos momentos no necesitas, sin opinar. Practicarla ayuda en nuestras relaciones, pero lo que es más importante, nos sosiega y serena la mente. El camino más eficaz para ejercerla con los demás comienza aceptando nuestras propias singularidades. Si soy capaz de criticarme por ser despistada y perder las llaves o las gafas o el paraguas, seré más comprensiva con las personas distraídas, evitando criticarlas.

Es sano y beneficioso ejercitar la compasión, pero ¿qué pasa con nosotros?, ¿quién va a ser compasivo con nosotros? Pues nosotros mismos. Ésta es la autocompasión, que consiste en darnos cariño y amistad. Aceptarnos como somos, en lo bueno y en lo malo, interiorizando mensajes motivadores que nos impulsen. Evitar enjuiciarnos y sustituir la intransigencia por tolerancia y comprensión. Es muy diferente lamentarse, cuando decimos, por ejemplo, «estoy gorda como una vaca, no soporto mi cuerpo», que sincerarse: «Acepto mi cuerpo, voy a tratarlo con cariño y cuidarlo, porque quiero que esté sano y libre de toxinas». Nuestra forma de hablarnos a nosotros mismos afecta a nuestra forma de relacionarnos con el mundo. El autor japonés Masaru Emoto realizó diversos experimentos, demostrando que hablar con palabras positivas o negativas a unos recipientes con agua afecta a la forma que adquieren los cristales cuando ésta se congela. Pueden adquirir una gran belleza o fealdad. Nuestro cuerpo es agua en un 70-80 %. Nos hablamos de una forma muy dura sin pensar cómo las palabras y pensamientos pueden afectar a nuestro cuerpo. Normalmente, cuando estamos decaídos y nos encontramos mal tendemos al autocastigo y a la autocrítica: «Seré estúpido... estas cosas sólo me pasan a mí; soy un completo inútil». Resulta positivo reconocer nuestras inseguridades, nuestras incertidumbres y depresiones, también en esas ocasiones. Somos humanos, no necesitamos ser perfectos. Si en esas circunstancias dejas de fundamentar lo malo y te tratas con cariño, lograrás convertir tus zozobras en aprendizajes positivos y duraderos.

5. LOS SENTIDOS Y LAS EMOCIONES

«Nada hay nada en la mente que no haya estado antes en los sentidos.»

ARISTÓTELES

No los tenemos tan en cuenta como debiéramos, pero poseemos unos sentidos formidables que nos permiten captar sin error lo que sucede en nuestra realidad. Los tenemos todos, pero debilitados por falta de adiestramiento, incluso en algunos casos atrofiados. Son también, la intuición y el instinto, que trataremos en el capítulo sobre la alegría. Hemos infravalorado sus poderes, pero siempre estamos a tiempo de recuperarlos con un entrenamiento preciso. Nuestros sentidos se encuentran en conexión directa con las emociones. Cada sentido traslada la información oportuna a la emoción, advirtiéndole que debe entrar en acción. Podríamos asimilarlos a un potente radar que advierte lo que sucede en el exterior, proporcionando en nuestro cuerpo sensaciones y emociones, según las vivencias asociadas a cada determinado sentido.

De pequeños utilizamos sabiamente nuestros sentidos, los exploramos a través de experiencias sensitivas: olemos, mordemos, acariciamos, observamos... Sabemos diferenciar lo que nos agrada o desagrada. Sabemos que lo que sentimos fuera de nuestro cuerpo produce un efecto dentro, porque cada sentido desencadena una emoción como respuesta inducida por un estímulo preciso. Si un niño nota que al estar con determinada persona tiembla, su sentido del tacto le está avisando de que algún peligro puede acontecer. Ese sentido del tacto desencadenará la entrada en acción de la correspondiente emoción, en este caso miedo, que activará los mecanismos de defensa necesarios (decir «no», poner límites, alejarse...) para así obtener la seguridad que le haga sentirse bien consigo mismo.

Lo primero que debes tomar en consideración es que TODOS TENEMOS CAPACIDAD DE SENTIR. El problema es que a medida que vamos creciendo y debido a la educación y a las normas sociales que dictan nuestros comportamientos, vamos abandonando la utilización de los sentidos que dejan de actuar como orientadores que nos podrían conducir al bienestar, limitándonos a tenerlos sin sacar ninguna utilidad especial de ellos.

TACTO

El tacto nos brinda la oportunidad de sentir y de hacer sentir. Es el sentido que ocupa toda nuestra piel, el órgano más extenso del cuerpo humano y el que nos defiende de las agresiones externas. Cuesta imaginar lo terrible que sería vivir sin piel y estar expuesto a las inclemencias sin protección. Gracias al tacto, podremos percibir las amenazas y peligros. Las sensaciones al saludar, al recibir un abrazo, un beso, una caricia, al vestirte con un tipo determinado de prenda, decidirán si el roce es agradable o no. Si no lo es, posiblemente deberás defenderte de alguna amenaza que te puede invadir, alterando tu equilibrio natural. Todos necesitamos el contacto físico de piel a piel, precisamos afecto, cariño. El sentido del tacto a través de la piel, nos va a indicar si las caricias que recibimos son auténticas, obteniendo así placer y seguridad. Comprueba si en determinada situación aparece algún sarpullido o eccema. Si palidece tu piel. Si tu cuerpo se hincha. Todo son reflejos del sentido tacto que nos avisa de algún riesgo. Por eso es el sentido asociado a la emoción miedo.

Vuelve a estar en contacto con tu cuerpo como cuando eras niño. Explóralo, acarícialo, siéntelo. Es tuyo y te quiere proteger de cualquier amenaza exterior. No te reprimas, como si fuera algo malo. Contacta con tu piel y sé sensible a ella. Si lo haces con ese mismo cariño y respeto con los demás, lo que sientas te aportará gran información sobre esa persona. Los besos, las caricias, los masajes eróticos despiertan y estimulan muchas sensaciones de las que no nos debemos privar. Imagina que conoces a alguien con quien te planteas una relación. ¿Qué te dice tu sentido del tacto? ¿Cómo se siente tu piel al ser acariciada? Si no es absolutamente placentera la sensación, tal vez deberías plantearte que con esa persona no te sentirás seguro ni protegido.

OÍDO

Un gran receptor de información que suministra datos al cerebro, que los procesará para ser analizados y archivados convenientemente. La mayor parte de la información que adquirimos procede de este sentido. Gracias a él, podemos comunicarnos con los demás y relacionar acontecimientos pasados almacenados en nuestra memoria. Cuando escuchamos algo que nos «chirría», debemos prestar atención y estar alerta. Este sentido nos avisa y ayuda a prevenir una posible pérdida que, de no tomar en cuenta, podríamos lamentar. Imagina que estás tomando un café con un amigo y te está contando algo que no sabes por qué, pero no le crees, sigues escuchando y notas dentro de ti como una punzada, empiezas a sentirte cansado. El oído te está advirtiendo que algo en esa conversación no está claro y quizá deberías retirarte antes de que se produzca un engaño más significativo. El oído es el sentido que pone en funcionamiento la tristeza, como medida de prevención de una posible pérdida futura.

Recordemos que utilizamos ese sentido para oír, pero su misión es mucho más importante y consiste en escuchar. El no escuchar impide ponerse en el lugar del otro y captar cómo siente. No te ha pasado alguna vez que alguien sólo con oír tu voz te pregunta: «¿Estás bien?». Tú, para que no se noten tus emociones, contestas: «Sí, ¿por qué lo preguntas?». A lo que añade: «Tu tono de voz me dice que estás de bajón y que debes tener algún problema».

Cuando somos niños, nos comunicamos mediante sonidos. Para expresar nuestro estado emocional, lloramos, reímos. También entendemos si mamá está enfadada, por su tono de voz. Pregúntate qué sientes a través de este sentido cuando alguien habla. Nota la diferencia si alguien te susurra o te grita. Percibe la musicalidad de los distintos tonos de voz para conectar con el estado emocional de la otra persona. Evita las prisas y de vez en cuando escucha los sonidos de la naturaleza, de la ciudad, permite que entren en tu interior. Te propongo un pequeño y placentero ejercicio. Un día a la semana, por ejemplo el domingo, siéntate en un lugar cómodo y permítete un rato para ti escuchando música preferiblemente clásica. No hagas ninguna otra actividad, sólo escucha. Trata de adivinar qué instrumentos suenan, siente las emociones que te transmite la música. ¿Es miedo? ¿Tal vez tristeza? ¿Te lleva a la alegría? Éste es un ejercicio muy bueno para activar ese sentido que nos ayudará a prevenir pérdidas en nuestras relaciones. Y no te olvides de escucharte a ti mismo.

OLFATO

Las personas podemos llegar a detectar hasta cuatro mil olores diferentes. Es el sentido más desarrollado que tenemos al nacer, pues a través del olor corporal podemos reconocer a nuestras madres, que nos proporcionan alimentos, protección y cuidados. Sabemos que algunos animales tienen este sentido muy desarrollado. Mediante el olor se atraen, marcan su territorio o rastrean a sus presas. Nosotros podríamos hacer algo similar, pero por no utilizarlo hemos perdido esa capacidad. Fíjate en los niños de menos de siete años. No tienen ningún pudor en exclamar: «¡Esta persona huele mal!». Sin embargo, a los adultos tanta autenticidad nos resulta reprobable y por eso contestamos: «No digas eso, que es de mala educación». ¿Qué hace el niño?

Siempre va a buscar la aprobación de sus mayores, por eso nos vamos desconectando del olfato, perdiendo así la información que naturalmente podríamos obtener.

El olfato nos permite oler las maravillas de la naturaleza pero también las mentiras. Las personas mentirosas y manipuladoras desprenden un olor desagradable. Prueba el siguiente ejercicio: con alguien de confianza, primero huele su muñeca, luego dile que te cuente algo verdadero y algo falso (lógicamente tú no puedes saber lo que es cierto y lo que no). Cada vez que haya dicho una de las frases, huele su muñeca. Si entrenas este sentido, serás capaz de percibir la variación del olor de la persona cuando miente. Una persona que no tiene olfato refleja que no reacciona a las mentiras y manipulaciones. Una alumna reconoció que éste era su caso. Tomando conciencia y analizando, descubrimos que dejó de oler a los seis años de casada. Más tarde se divorció porque se dio cuenta de que estaba siendo manipulada y utilizada. Es frecuente, si convivimos con alguien tóxico y que nos maneja, que desenchufemos ese sentido para dejar de oler sus mentiras. La convivencia, de otro modo, se haría insoportable. Cuando estamos con alguien y decimos: «Esto me huele mal», «Me da en la nariz que algo va a salir mal», ¡perfecto!, es tu sentido que te está guiando hacia la emoción rabia, para que no te dejes embaucar.

Los olores pueden desatar fuertes respuestas emocionales o evocar recuerdos pasados. Los aromas, los perfumes, el olor natural de las personas nos van a procurar atracción o rechazo. Fíjate, si el olor corporal de alguien te repele, no podrás tener un deseo sexual por mucho que intente camuflarse entre perfumes o desodorantes. Si el olfato dice «no», tu respuesta a ese estímulo debe ser «NO».

GUSTO

Este sentido va unido a la lengua, que a través de las papilas gustativas detectan los sabores (dulce, amargo, salado o ácido). Los diferentes sabores activan y estimulan nuestros deseos o por el contrario los frenan. Por eso el olfato y el gusto están estrechamente relacionados.

¿Alguna vez te has parado a pensar a qué saben los besos? Pruébalo, pues no todos saben igual. Si te gusta, puedes quedarte con él, de lo contrario, lo acabarás rechazando.

El gusto nos permite saborear y degustar. Puedes entrenar ese sentido intentando acertar los ingredientes de un plato que no hayas cocinado. Una vez que desarrollas ese sentido, el buen gusto se extenderá al resto de tus situaciones. Un gusto refinado indicará una persona que suele acertar en sus elecciones. Las personas decididas, que no dudan constantemente, tienen bien desarrollado ese sentido. Habrá días que con rapidez y acierto elijas tu vestuario, en cambio otros dudas tanto que no sabes ni qué zapatos ponerte. Eso también se debe al sentido del gusto.

¿Sabes admirar el cuadro de un gran artista sin saber quién lo pintó?, ¿Distingues algo natural de algo artificial, algo refinado, elegante de algo vulgar, algo complejo de algo sencillo? ¿Sabes mezclar distintos tipos de muebles en la decoración de tu casa? Trata de entrenar este sentido que nos conecta con la emoción orgullo, con la admiración y con la creatividad.

VISTA

A través de los ojos vamos a recibir imágenes que llegan a nuestro cerebro produciendo distintas emociones según nos resulte más o menos agradable lo que se presenta ante nuestros ojos. Con la vista recibimos las primeras informaciones sobre nuestro entorno y las personas que se nos acercan. El aspecto físico, la forma de vestir, de moverse. Es la «carta de presentación».

Con la mirada podemos expresar nuestro estado de ánimo, si alguien nos atrae o nos incomoda, si le aceptamos o le pretendemos seducir. Es una manera de comunicación no verbal que tiene mucha fuerza y resulta muy eficaz.

Solemos decir que «los ojos son el espejo del alma». Nada más cierto. Una mirada vale más que mil palabras, es fácil detectar el tipo de persona que tenemos enfrente por su mirada. Hace poco una amiga me dijo: «Soy muy feliz». Me quedé mirándola y respondí: «No lo creo». «¿Por qué?», me preguntó. «Porque tu mirada me dice lo contrario». La emoción asociada a este sentido es el amor. Para abrir el corazón primero debemos abrir los ojos. Entrénate mirando y observando las maravillas de la naturaleza. Tenemos un planeta increíble y no lo vemos porque andamos de un lado para otro ensimismados en nuestros problemas y ciegos. Hay personas que poseen el don de la observación, se fijan en todos los detalles cuando a ti te han pasado por alto. Si ellos pueden, tú también. Sólo tienes que intentarlo con motivación e interés. Mejorar este sentido trae consigo mejorar también la emoción amor y los beneficios intrínsecos a ella.

Nuestros sentidos son piezas clave para el conocimiento, guían nuestro estilo de vida. Si entrenamos los sentidos para percibir la realidad de un modo objetivo es muy difícil que tomemos decisiones inadecuadas, porque nunca nos mienten. Somos nosotros los que no prestamos atención. Si tenemos cinco dedos en la mano, los utilizamos todos, no dejamos ninguno aparcado. Pues los sentidos también están a nuestra disposición para ayudarnos. Solemos dejar de mostrar interés por ellos cuando somos pequeños. Si tu hijo dice «No quiero besar a ese señor, no me gusta» y tú le obligas a hacerlo, irá desconectando el sentido del tacto, del olfato y del gusto para no decepcionarte la próxima vez. Todos hemos ido perdiendo el potencial de nuestros sentidos de ese modo, porque nuestros mayores nos han hecho dudar de nuestras sensaciones y nos hemos ido distanciando de ellos para adaptarnos y no ser diferentes en nuestra sociedad. Detente a tomar conciencia de los colores, texturas, olores, sabores... entenderás muchas cosas. Más allá se encuentra nuestro sexto sentido, la intuición asociada a la emoción alegría.

TERCERA PARTE

DESCUBRE TUS EMOCIONES

6. LO QUE DEBES SABER ANTES DE SEGUIR LEYENDO

El águila puede vivir hasta los setenta años, pero para lograrlo debe tomar una difícil decisión en la mitad de su vida, pues en ese momento sus uñas se vuelven débiles y su pico se curva de modo que no podría alimentarse. Su destino es morir. Sin embargo, tiene la opción de pasar por un duro proceso de renovación que dura ciento cincuenta días. Deberá alzarse a un peñasco de una alta montaña, donde se arrancará el pico y las uñas golpeándolos contra la pared, y cuando empiecen a renacer, arrancarse las plumas de su cuerpo. Tras cinco dolorosos meses, pico y uñas estarán completos y su bello plumaje estará listo para desplegar sus alas de casi dos metros y así podrá comenzar a vivir su segunda etapa, la más maravillosa de su existencia como reina de los cielos.

Todos tenemos la capacidad de renovarnos, transformarnos y expandirnos. Igual que pasa con el águila, si queremos avanzar a un nivel superior de vida, debemos hacer un alto, desprendernos del peso del pasado y de antiguos modos de pensar y de ser, afrontando ese difícil proceso de renovación que determinará nuestra grandeza como seres humanos. Como la mariposa, que deja de ser una oruga para encerrarse en una crisálida donde sufrirá una maravillosa transformación, nosotros podemos sacar a relucir nuestra verdadera naturaleza.

En esta parte del libro vamos a introducirnos de raíz en cada una de las seis emociones básicas. Concretaremos su definición y en qué momento debemos sentirlas. Ajustar la emoción correcta ante cada acontecimiento nos asegura la paz interior casi de inmediato, evitando perder el tiempo y crearnos dramas sin sentido. Sería como acumular problemas y cargar con ellos día a día, porque cuando crees que alguno se ha resuelto por sí mismo reaparece a corto o medio plazo. Los problemas tienden a agravarse si no sabemos cómo prevenirlos o cómo actuar para que desaparezcan.

Relación de las seis emociones básicas, el estímulo o situación a la que deben responder y su finalidad:

	MIEDO	TRISTEZA	RABIA	ORGULLO	AMOR	ALEGRÍA
SITUACIÓN	amenaza	pérdida	mentira	admiración	espacio seguro	regalo inesperado
FINALIDAD	seguridad	desarrollo	justicia	estatus	pertenencia	plenitud

Empezaremos con la emoción miedo. Su finalidad es la de aportarnos seguridad, pues es la primera motivación del ser humano, como decía Maslow en su pirámide motivacional. Sin seguridad difícilmente podremos llegar a la felicidad y a la plenitud que es el objetivo de nuestro recorrido vital. Vas a conocer cada una de las emociones de un modo independiente y al final tendrás un panorama completo que indicará cómo comportarte en cada momento. Debes saber que si no utilizas correctamente las emociones en todos los ámbitos de tu vida, difícilmente conseguirás convertirte en un referente para tus hijos o relaciones del tipo que sea. Si las tensiones del trabajo las transformas en rabia destructiva cuando llegas a casa, eso es lo que tu hijo aprenderá. Si no sabes poner límites cuando alguien invada tu espacio, no te quejes si tu hijo tampoco se atreve a enfrentarse a situaciones injustas. Si te dejas llevar por lo que opinen los demás, él nunca tendrá autoestima. Lo fundamental es conocerte a ti mismo en profundidad y valorar tus reacciones ante las situaciones de la vida, para así entender bien a los que te rodean y propiciar el florecimiento de tus relaciones.

Cualquier pensamiento y emoción tiene una consecuencia sobre nuestra vida y la de los demás, de ahí el sabio lema helénico: «Conócete a ti mismo». Acostumbramos a ver en los demás los fallos que no queremos ver en nosotros mismos. Recuerdo que en una empresa en la que trabajé, había un asesor fiscal y un abogado. Ambos muy profesionales, pero con un discurso tan largo y aburrido que todos les huían, pues sus conversaciones eran interminables. El abogado evitaba reunirse con el asesor fiscal aduciendo que perdía mucho tiempo con él y, por su parte, el asesor se conducía recíprocamente. Lo curioso es que cada uno veía su propio defecto en el otro pero no en sí mismo. Todos somos reflejo de todos, si no toleras algún fallo en el otro, es porque tú también lo tienes. El que no lo quieras ver no implica que los demás no lo perciban. Las respuestas están en nuestro interior. Debemos aprender a conocernos y averiguar la valoración que tenemos de nosotros mismos para evitar juzgar a los demás. Si nos aceptamos sin juzgarnos, aceptaremos a los demás sin juzgarles.

Triunfar en la vida significa encontrar la confianza en nuestro interior. Esto es válido para todos. No depender de lo que piensen los demás, alimentando miedos e inseguridades, nos garantiza estar en contacto con nuestra verdadera esencia.

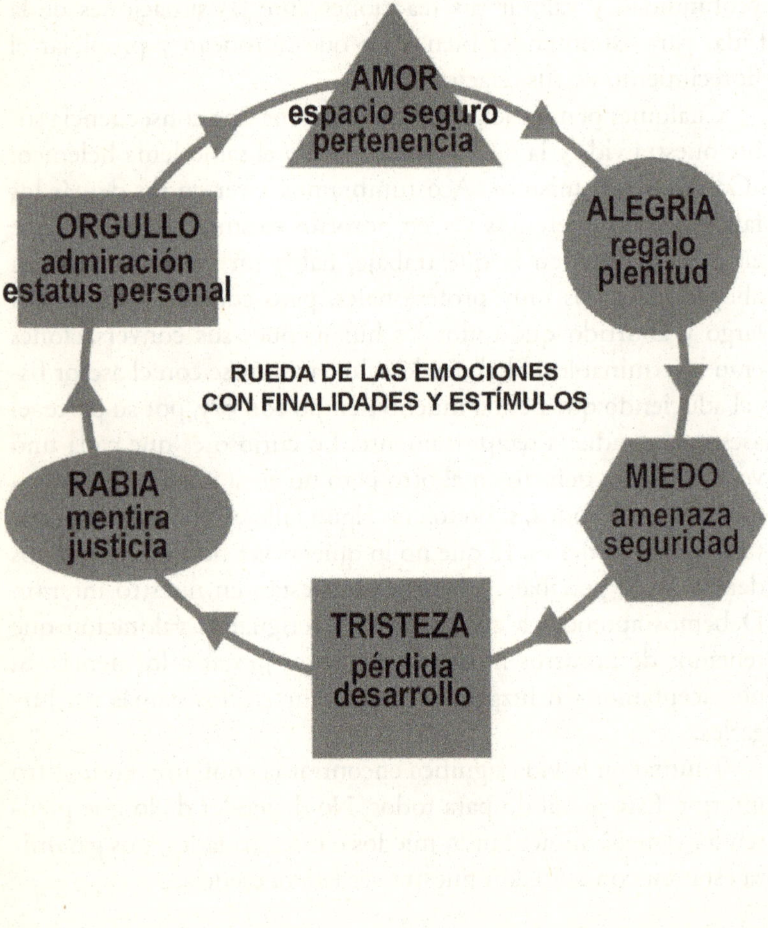
AMOR
espacio seguro
pertenencia
ALEGRÍA
regalo
plenitud
MIEDO
amenaza
seguridad
TRISTEZA
pérdida
desarrollo
RABIA
mentira
justicia
ORGULLO
admiración
estatus personal
RUEDA DE LAS EMOCIONES
CON FINALIDADES Y ESTÍMULOS

7. EL MIEDO

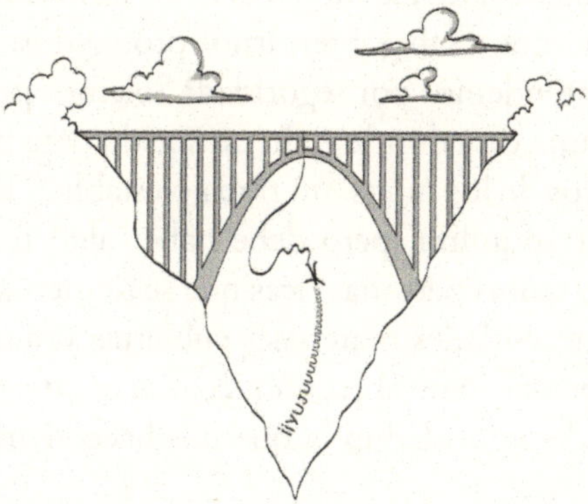

«Una persona no puede sentirse cómoda sin aceptarse a sí misma.»

MARK TWAIN

He oído muchísimas veces a personas que me decían: «Me encantaría vivir sin miedos. Cómo me gustaría ser como aquellos que no temen a nada». ¿De verdad te gustaría vivir sin miedo? Nos centraremos primero en lo que es, esperando que al final de este capítulo lo consideréis no sólo como una emoción necesaria sino imprescindible.

El *miedo auténtico* nos sirve para detectar la *amenaza* de una posible invasión, acoso o manipulación sobre ti o sobre tu entorno. La palabra clave es «amenaza». Sentir miedo ante algo que no implique un riesgo o un peligro a tu integridad sería un miedo falso. Podremos ver que hay infinidad de situaciones en las que percibimos temor o recelo, pero éste es irracional, no responde a un peligro real, y por ello nos sentimos paralizados a la hora de avanzar en nuestras vidas o a la hora de tomar decisiones que nos resultarían beneficiosas.

FINALIDAD DEL MIEDO

El miedo existe para garantizarnos *seguridad*, porque es la emoción que nos permite cerrarnos y replegarnos cuando un peligro cierto nos amenaza, y, de ese modo, activar los mecanismos necesarios para ponernos a salvo y sentirnos protegidos.

Pero ¿qué entendemos por seguridad? Solemos pensar que nos la aporta tener una casa donde vivir, un sueldo para pagar la hipoteca y los colegios de los niños, un trabajo estable... Es verdad que todo esto nos tranquiliza, pero debe haber algo más, si no, no encontraríamos tantas personas ricas que se sienten inseguras, tienen todas sus necesidades materiales cubiertas y, aun así, no son felices. Temen perder su nivel económico o su estatus social. Entonces, ¿qué clase de seguridad es la que nos hace vivir sin temores?

¿QUÉ NECESITAMOS PARA SENTIRNOS SEGUROS?

Para asentar nuestra existencia sobre una base sólida y sana requeriremos de las seis siguientes propiedades: *observar*, *establecer límites*, *respetar*, *decir «no»*, *defendernos* e *implantar normas*. Todo ello es posible aprovechando la correcta utilización de la emoción miedo.

En primer lugar, debemos aprender a *observar* a los demás empezando por nosotros mismos, para considerar qué amenazas podemos representar para nuestro entorno y qué riesgos hay en los demás que nos puedan dañar. Esto es, el autoconocimiento.

Imagina que quieras con voluntad conocerte a fondo. Te observas, y detectas que en ocasiones invades la privacidad de otros, que tratas de comentar más que nadie, porque quieres imponer tus criterios, o das órdenes autoritarias reprimiendo los deseos de los demás. En estos casos no eres una persona segura. Debes atemorizarte por la amenaza que supones para tu entorno. Ese miedo te sugerirá tomar medidas para no seguir asaltando y valorar mejor el respeto ajeno. Ahora imagina que un amigo te llama a las tres de la mañana, interrumpiendo tu descanso, para contarte la noche tan divertida que ha disfrutado, que vas con él a un cóctel y se abalanza sobre las bandejas del camarero, que montas en su coche y te lleva a velocidades excesivas. Si eres capaz de realizar un buen diagnóstico de él, comprobarás que experimentas inseguridad a su lado. Por lo tanto, la emoción que sientas cuando estés con él va a ser miedo. Ese miedo te conducirá a hacérselo saber, alejándote de las situaciones de peligro. De este modo, afianzarás tu seguridad.

El conocimiento de uno mismo es absolutamente necesario para tener una existencia firme. Sólo lo podremos conseguir a base de atención. Fíjate en ti mismo y pondera el diagnóstico, no implicarte en ello es como ir por la vida pensando que todo vale, que puedes hacer lo que te plazca sin normas, que puedes invadir a los demás. Es como viajar con alguien a quien no conoces pegado a ti. Si nos gusta saber quién tenemos al lado, para analizar si podemos confiar en él o no, ¿por qué no empezamos por nosotros mismos? Al fin y al cabo, vamos a convivir con nosotros el resto de nuestras vidas. No hace falta compartir con los demás lo que descubramos que no nos gusta, pero sí es importante que nos queramos analizar con objetividad, sin egos. No vale decir: «Yo nunca invado, soy superrespetuoso». Procura distinguir en ti cuándo lo eres y cuándo no. Igualmente debes hacer con los demás. No justificar sus actos si éstos provocan sensaciones incómodas o de peligro en ti. Aprendamos a llamar a las cosas por su nombre, si no sientes solidez con alguien es porque existe una emoción que se llama miedo. La única que podrá posicionar la seguridad en tu vida.

Además del diagnóstico, es importante *establecer límites* para que no ocupen nuestro espacio, y a la inversa. En esto se basa el *respeto*, que comienza por uno mismo y es la base de la autoestima. Si te consideras indigno de ser respetado, dejarás de atender a tu cuerpo, con una dieta excesiva, por ejemplo, o en tu forma de vestir, de actuar, en no hacer ejercicio, en el trato a los demás. A menudo nos maltratamos, pero pretendemos que los demás tengan consideración hacia nosotros. Estimamos entonces que nuestra valía depende de cómo nos ven los demás. Abandonamos nuestro propio respeto dejándolo en manos de otros. Esto siempre va a activar una reacción en cadena que acabará frustrando nuestras intenciones. Has de tener muy presente que el respeto por ti mismo debería ser tu estado natural. Es una elección personal, nunca tiene que ver con lo que los demás opinen de ti. En cualquier caso, si tú no lo haces contigo, no puedes respetar a nadie y nadie te respetará a ti. Ida y vuelta.

Una consideración para las personas que no se sientan respetadas por su jefe, compañero, pareja, etc. Ésta es la señal inequívoca de que tú no sientes el mínimo respeto hacia ti mismo. Pretende querer serlo y admitirlo para empezar a cuidarte y darte lo que te mereces.

Poner límites implica *decir «no»*. Es lo que más tememos, porque parece que tenemos la necesidad de complacer. ¿Cuántas veces decimos «sí», aunque no volvamos a ver a esa persona, para no quedar mal y luego nos arrepentimos? Podemos decir «no» a cualquiera y en cualquier momento. Tenemos la libertad para ello. No va a pasar nada. Ni nos van a juzgar, ni nos van a marginar. Es la mínima consideración que debemos tener con nosotros mismos.

El miedo también nos capacita para *defendernos* de todo lo que suponga una amenaza. Sin valorar el peligro, difícilmente podremos enfrentarnos a él. También nos facilita *imponer normas* para vivir en armonía con los demás. En tu hogar con tus hijos, con tu pareja, en tu trabajo con tus compañeros, deberás primero conocerte, vislumbrando si algo en ti o en ellos representa una amenaza para el grupo, actuando en consecuencia para eliminar los riesgos. Posteriormente, imponer límites para impedir que invadan tu espacio y el de los demás. Es prioritario saber decir «no». Comunicarlo a destiempo, sin establecer barreras, conllevará muchos problemas futuros. Equivale a decir: «No me importa que me invadan, no me importa que me amenacen. Luego me quejaré culpabilizando a los demás de todos mis problemas». La cantidad de situaciones conflictivas que podríamos evitar. Saber decir «no» equivale a requerir intimidad y a apreciar el propio respeto. Además, nos lleva a demostrar consideración hacia los demás, lo cual siempre es de agradecer.

Vamos a ilustrar con un ejemplo una situación que propicia la emoción miedo. Aplícalo con tus hijos, pareja, amigos, padres, compañeros:

Tu hijo está empezando a comportarse de modo caprichoso e irritante. Exige que se le complazca al instante. De lo contrario, monta una rabieta tremenda provocando que pierdas el control de la situación. Al estar en contacto con la emoción miedo, comprobarás que esas alteraciones anticipan una *amenaza* de futuro. Puede volverse cada vez más impertinente reivindicando lo que no le corresponde. Es el momento de *diagnosticar* el grado de riesgo y de *imponer límites diciendo «no»*, para que el niño atienda a las *normas* de una convivencia en armonía. Al actuar a tiempo te sentirás más seguro, pues has evitado que la situación empeore. Sin embargo, el camino fácil que toman muchos padres para cargarse de un plumazo el «contratiempo» sería complacerle al instante para que dejara de patalear. El niño aprendería a conseguir las cosas mediante protestas, causándote inseguridad. El problema se irá agravando con el tiempo y se acostumbrará a invadir para conseguir sus propósitos. Esta conducta siempre acaba pasando factura. Es difícil desacostumbrar cuando uno ya se ha acomodado. ¡Lo sabéis muy bien! No me cansaré de repetirlo: **la base para una buena convivencia es edificar límites y barreras cuando se está a tiempo. Nunca dejarlo para después.** No te lamentes si no lo has hecho, pero ponte en marcha ¡ya!

APRENDE A ACTUALIZARTE

Cuando de pequeños hemos sufrido alguna situación que ha implicado un peligro, nos quedamos anclados en ese momento del pasado evitando actualizarnos. Imagina que tienes miedo a los perros y te pones a pensar en lo irracional de ese miedo. Descubres que cuando tenías cinco años un perro te atacó y no pudiste defenderte. Ese miedo casi fóbico no es un miedo real, debemos actualizarnos y vivir el presente sin dejar que problemas pasados nos afecten en nuestro momento actual. ¿Por qué conservar experiencias pasadas si hoy ya no sirven, si nos hacen sufrir? Nos pasaremos la vida asustados por infinidad de acontecimientos que constriñen nuestra existencia impidiendo abrirnos a la felicidad. Cualquier cosa que nos pasara en la infancia, en el colegio, en nuestras primeras relaciones amorosas, fue real entonces, pero hoy ya no lo es. Si conseguimos centrar nuestra atención en el momento presente, dejaremos de soportar el peso y los fantasmas del pasado.

Concluimos entonces que el *miedo auténtico* existe para aumentar nuestra seguridad, nos permite detectar los riesgos o amenazas y además facilita que esa amenaza retroceda o desaparezca. Sólo lo conseguiremos si nos ejercitamos en diagnosticar los peligros que nos acechan, en poner límites diciendo «no», y en defendernos articulando normas de convivencia.

SITUACIÓN >>>>>> AMENAZA - RIESGO - PELIGRO
EMOCIÓN >>>>>> MIEDO
FINALIDAD >>>>>> SEGURIDAD > DIAGNOSTICAR
PONER LÍMITES - DECIR «NO»
RESPETAR/SE
DEFENDER/SE
ARTICULAR NORMAS

FOBIAS Y MIEDOS FALSOS

Al igual que el miedo auténtico nos garantiza la seguridad, el falso miedo nos instala en la inseguridad. Recuerdo una historia que me gustó especialmente. Intentaré contarla:

Un día, un campesino paseaba por los alrededores de su finca y encontró en el suelo un polluelo de águila que estaba desnutrido y a punto de morir. El campesino sintió pena. Decidió llevarlo a su finca y darle cuidados para que saliera adelante. Como se dedicaba a criar gallinas, entre otras cosas, dejó allí al aguilucho, que se crió como si de una gallina más se tratase. Pasaron los meses y algunos años, y el polluelo se convirtió en una espléndida águila. Su problema era que no volaba; se comportaba como el resto de las gallinas. Un día, un biólogo que paseaba por la zona vio el águila en el corral de las gallinas y no pudo evitar su curiosidad. Preguntó al campesi-

no, que le explicó la historia, y el biólogo le comentó la posibilidad de dejar el águila en libertad para que pudiera volar y así vivir la vida que le correspondía. El campesino le contestó: «Puede intentarlo si quiere, pero no conseguirá nada. Se ha criado con las gallinas y cree que también es una gallina; yo lo he intentado en varias ocasiones y no lo he conseguido». El biólogo, que no se daba fácilmente por vencido, cogió el águila, la llevó a un acantilado y allí la empujó varias veces para que intentara volar. Todo fue inútil, el águila no sabía volar. El biólogo lo intentó en tres ocasiones más, y lo único que consiguió fue que cayera de bruces desde donde la lanzaba. No salía de su asombro. «Es imposible —se decía a sí mismo—, en su naturaleza está volar.» Decidió intentarlo por última vez y la llevó a la ladera de la montaña más alta que existía en la zona, y desde allí la lanzó. El águila seguía sin mover sus alas mientras caía en picado. De repente, justo cuando parecía que iba a chocar contra el suelo, empezó a agitar sus alas y a elevarse. Había conseguido volar al recuperar su esencia de águila real.

Esto es lo que nos pasa a nosotros, los falsos miedos nos paralizan. En realidad, las únicas limitaciones que nos impiden alcanzar lo que realmente queremos nos las imponemos nosotros mismos. Esto es lo que hemos aprendido y ahora nos toca desaprenderlo.

Hace poco, una amiga me relataba la desagradable experiencia que sufrió en un tren de cercanías. A su lado se sentó un hombre desaliñado que desprendía un desagradable olor. No contento con eso, comenzó a decir cosas incómodas a mi amiga que recuerda ese viaje como una pesadilla y ha prometido no tomar el tren jamás. «¿Por qué no te levantaste y te cambiaste de sitio?», le pregunté. «¿Qué iban a decir los demás? Qué vergüenza...», contestó ella. Prefiere culpar al tren y no volver a viajar en ese medio de transporte antes que aprender a decir «NO» y a respetarse.

Si te respetas, te das tu lugar por encima de todo. Buscarás tu seguridad y armonía e impedirás cualquier tipo de invasión. Si no pones límites, ni te defiendes ante las amenazas, no te queda más remedio que culpar y acusar hacia afuera. Pero recuerda que en tu mano está la posibilidad de transformar esas situaciones incómodas.

DISFUNCIONES DEL MIEDO

Vamos a analizar qué nos pasa cuando sentimos miedo en una situación que no requiere de esa emoción, pues no es una *amenaza*. Serían falsos miedos que, de algún modo, nos inmovilizarían.

1. La impotencia o incapacidad

En algunas situaciones nos atrapa la impotencia. Es como si no pudiéramos hacer nada. Parece que todo va en contra de nosotros y, aunque intentamos encontrar una solución, nos sentimos cada vez más y más paralizados. «No puedo con esto, me supera, me siento impotente.» Lo que nos pasa es un claro ejemplo de un falso miedo que nos atenaza. En su lugar, lo que deberíamos aplicar como emoción correcta es la *tristeza,* la que, como veremos en el próximo capítulo, nos permite detectar las pérdidas respondiendo rápida y adecuadamente ante el conflicto. Si te abandonas es porque te niegas a recapacitar. En vez de acometer el problema como algo que tiene solución, lo enfocas desde un punto de vista negativo, imposible, cerrándote una puerta que te posibilitaría avanzar. Es una conducta de darlo todo por perdido para evitar pararte a pensar mientras tratas de hallar una solución.

Impotencia = *Falso miedo, en vez de tristeza auténtica.*

2. La insignificancia

Si alguien te miente, te engaña o manipula, y reaccionas a esa agresión empequeñeciéndote o mostrándote insignificante, entonces eres una persona que se paraliza ante los engaños. Es un falso miedo por no querer reaccionar y manifestar una sana rabia que te lleve a sentir que has hecho justicia y te has puesto en tu sitio. Si esta disfunción es muy frecuente en tu vida, corres el riesgo de sufrir una enfermedad neurológica. Presta mucha atención al capítulo de la rabia para poner remedio a esta situación.

Insignificancia = *Falso miedo, en vez de rabia auténtica.*

3. La cobardía

No nos gusta reconocerlo, pero muchas veces somos cobardes. Y esto ocurre cuando no crees en ti mismo y te alejas de tu ser. Ante lo que te supera se apodera de ti una especie de vértigo. Sientes que no vas a dar la talla y eliges degradar tus grandezas, en vez de apostar por lo bueno que tienes. O hacia afuera, degradas lo grande de otros, por no creer en ti. Las personas cobardes que no quieren asumirlo lo compensan poniéndose por encima de los demás, con excesivos deseos de poder y notorio control sobre ellos. Así se muestran ante la sociedad como personas fuertes. Todo individuo que someta a otro, le degrade o le ponga el pie encima para que no crezca es, en el fondo, un cobarde.

Cobardía = *Falso miedo, en vez de orgullo auténtico.*

4. La desconfianza

Seguramente conocerás a personas desconfiadas. Vamos a poner el caso de una mujer, cuyas relaciones sentimentales han acabado mal porque siempre se ha relacionado con hombres que no la respetaban. Esa persona acabará generalizando y pensando que todos los hombres son iguales y que no te puedes fiar de ellos porque no saben cómo tratar a una mujer. El problema, seguramente, radica en que ella no se respeta a sí misma, lo que hace imposible que los demás lo hagan. Si esa mujer aprendiera a quererse, empezaría a poner límites diciendo «no» en cuanto detectara la mínima amenaza. Eso le evitaría la frustración de acabar siempre con hombres inadecuados, y se abriría a nuevas relaciones con personas más convenientes, en vez de cerrarse con desconfianza. Distinguiría cuándo alguien se le acerca con cariño y de buena fe, estímulo para el amor, frente a alguien manipulador y que pretenda desvalorizarla. **Si nos sabemos reorientar, nos damos cuenta que muchos de nuestros problemas tienen su origen en nosotros mismos.**

Desconfianza = *Falso miedo, en vez de amor auténtico.*

5. La adversidad y anticipación de problemas

Una posible situación requiere relajarse y ser disfrutada en paz, sin embargo, empiezas a ver nubarrones donde no los hay, o imaginas desastres quc te pueden ocurrir para impedirte esa alegría, entonces te invade la adversidad.

Vas a la playa con tus hijos y, en vez de disfrutar de un estupendo día, empiezas a pensar en que os van a picar las medusas, que cogerás una insolación, que te picarán los mosquitos, que los restaurantes estarán llenos... Te bloqueas y te impides disfrutar.

Adversidad = *Miedo falso, en vez de alegría auténtica.*

APRENDE A DISTINGUIR LO VERDADERO DE LO FALSO

Cenando con mi amiga Susana, me comentó entre confidencias una situación que la tenía preocupada. Susana tiene una hija de veinticinco años, a su vez madre de un bebé de dos. Ésta planeaba pasar un par de meses con ella, desplazándose a su casa con la pequeña. Susana tenía una mezcla de emociones. Por un lado, se sentía feliz por estar con su hija y su nieta, pero había una sombra que planeaba y le impedía disfrutar de esa felicidad. Me confesó que un año antes su hija fue a visitarla con la pequeña y pasaron un mes en su casa. Lo que al principio prometían ser unas vacaciones maravillosas pronto se empezó a enturbiar. Su hija imponía horarios, ocupaba su espacio, las visitas de sus amigos a casa de Susana cada vez eran más frecuentes, le saqueaban la nevera, y la estupenda relación que mantenía con su marido también se vio afectada, no tenían tiempo de estar solos ni de tener intimidad. Al final, hubo roces entre madre e hija que no les dejaron a ninguna buen sabor de boca. Conociendo lo que había pasado y anticipándose a lo que podría volver a ocurrir, Susana me dijo: «Sé que tengo que poner límites de antemano y sé que tengo que decir «no» a muchas cosas; si no lo hago ahora me arrepentiré, ya será demasiado tarde para actuar. No quiero tener problemas en la relación con mi hija, a la que adoro, y sé que, si no pongo límites desde el principio, la situación me comerá y acabaré sintiéndome como una extraña en mi propia casa. Sé que tengo que hacerlo, pero me cuesta tanto...».

Éste es un perfecto ejemplo de miedo auténtico. Susana está sintiendo la amenaza, percibe que existen riesgos a su intimidad y, en este caso, el miedo es la única emoción que le ayudará a solucionar sus incertidumbres. Ha hecho una valoración clara de la situación y sabe que necesita poner límites para que su vida y la de su marido sigan siendo tan armoniosas como hasta ahora. A todos nos cuesta decir «no», pero sólo el hecho de ser conscientes de ello nos hará pensar en la mejor respuesta para que nadie se sienta dañado. Acabará disfrutando de unas maravillosas vacaciones con su hija y su nieta, y reinarán la seguridad y el respeto mutuo.

A su vez, y en la misma conversación, me habló de una amiga que también se sentía apesadumbrada por un acontecimiento en la vida de su hijo. A éste, con veintidós años, experto en un tipo de aplicación informática, le habían ofrecido un trabajo fantástico en el extranjero y debería permanecer allí al menos durante tres años. Esta mujer se sentía sola y tenía miedo de lo que fuera a ser de ella. La relación con su marido ya no estaba viva, trabajaba demasiadas horas y el único sentido que tenía su vida era cuidar de su hijo, que ahora se iba para comenzar una carrera profesional que prometía ser exitosa. Ella estaba apabullada, temía por su hijo y por ella, tenía miedo a la soledad. Se había quedado anclada en el pasado, no sabía ser ella misma y encontrar la felicidad en su vida porque su felicidad dependía de su hijo.

Estamos ante un miedo falso y paralizante. La emoción adecuada sería sentir alegría por su hijo, por la nueva e ilusionante vida que iba a emprender. En vez de eso sentía miedo falso. ¿Qué iba a ser de ella ahora? Cuando sentimos emociones falsas no sólo sufrimos nosotros, también lo hacen los demás. En este ejemplo, el hijo tiene el sentimiento de que abandona a su madre. Le cuesta entregarse y disfrutar plenamente de su nueva vida. Ella había creado una dependencia que exigía apegos en su hijo, lo que le haría a éste sentirse culpable por disfrutar lo bueno que ha conseguido, sabiendo que su madre se siente tan mal.

¿A QUÉ TIENES MIEDO?

Todos tenemos falsos miedos que nos bloquean y nos impiden hacer lo que más nos gusta. Son creencias que hemos adquirido de pequeños, viendo a nuestros padres, profesores, en la sociedad, etc., y se mantienen dentro de nosotros como si formaran parte ineludible de nuestras vidas, dándoles el poder de auténticas certezas. Son como profecías que se cumplen por el solo hecho de pensarlas.

Detallaré una lista de algunos de ellos; tú debes indicar los tuyos. Esto es importante, porque si no reconoces tus falsos miedos van a continuar formando parte de tu vida e inevitablemente de la de tus hijos.

> «Cualquier creencia que genere miedo o sentimiento de falta de merecimiento es falsa; es una mentira.»
>
> DR. MIGUEL RUIZ

Miedo a ser rechazado
Miedo a la felicidad
Miedo al fracaso
Miedo al éxito
Miedo al qué dirán
Miedo a hacer el ridículo

Miedo a la soledad
Miedo a la enfermedad
Miedo a hablar en público
Miedo a crear

Son miedos falsos que sustituyen a la emoción rabia, pues es injusto y es mentira creer que no merecemos tener o conseguir aquello que nos haría tan felices. Todos nacemos perfectos y con todas nuestras emociones auténticas. Estas falsas creencias las vamos adquiriendo como defensa ante las conductas que vemos en nuestras familias. Alguien con miedo al fracaso seguramente lo tiene porque durante su infancia, en su familia, los *fallos* adquirían unas dimensiones desmesuradas y se buscaba excesivamente la perfección. O alguien que da amor y es abandonado puede pensar que es culpable, porque le han enseñado que para obtener amor hay que darlo. Al no recibirlo pensará que no ha entregado lo suficiente, y se atormentará dando y dando a quien menos lo merece.

Un alumno tenía un pánico atroz a hablar en público. Cada vez que tenía que presentar un plan de negocios ante el Comité Ejecutivo, le temblaban las piernas, le sudaban las manos, tenía escalofríos, todo ello síntomas de miedo. Los síntomas del miedo son los mismos tanto si el miedo es real como si no lo es. Pero no era real, no había ninguna amenaza a su integridad, ni ningún peligro le acechaba. Tan sólo consiguió superarlo, comprendiendo que ese miedo no era suyo. Recordó que su padre se sentía muy inseguro si tenía que dar algún discurso. Tenía incorporado en su ser el patrón de la incapacidad de hablar en público de su padre. Esa inseguridad él la vivía como si fuera la suya propia. Conociéndose y profundizando en sus emociones fue desterrando ese falso convencimiento. Consiguió superarlo y le llovieron felicitaciones por su capacidad comunicadora.

Por eso, no debes dejar que esos miedos te anulen. Es un paso decisivo que comiences trabajando tus emociones, reconociendo tus limitaciones y aprendiendo a superar tus falsos miedos; así tus hijos aprenderán de ti y nada les impedirá llegar a convertirse en lo que de verdad quieren ser. Quedarnos atrapados en el miedo falso nos despoja de la posibilidad de mejorar, evolucionar y transformarnos en aquello que nunca creímos posible.

Me viene a la memoria una situación que me hizo reflexionar sobre nuestras inseguridades. Tuve un director que hablaba el inglés con bastante dificultad. Yo tenía mejor nivel que él, sin embargo no me sentía muy segura y no lo hablaba salvo que fuera necesario para evitar que me juzgaran. La empresa empezó a adquirir importantes compromisos internacionales y él se lanzaba a negociar contratos en inglés sin ningún pudor. En varios de ellos yo me encontraba presente y confieso los sentimientos que me rondaban. Por un lado me parecía que hacía el ridículo, pero lo curioso es que conseguía hacerse entender. Yo me sentía avergonzada, mientras que él se encontraba muy satisfecho pues no encontraba limitación a su falta de dominio del idioma. Eso me hizo sentir una gran admiración por él. Lo que para mí era una limitación, para él era un reto. Un día en una reunión con un norteamericano, después de que mi jefe le explicara durante diez minutos nuestros proyectos, el americano le miró fijamente y dijo: «Perdona, pero no he entendido ni una palabra de lo que has dicho». A mí se me cayó el alma a los pies, no sabía dónde meterme. Pensé que él se derrumbaría. Para mi asombro, al finalizar la reunión comentó: «Mañana sin falta comienzo con clases de inglés». Fue una gran lección, a partir de ese día dejó de importarme lo que los demás pudieran decir o pensar de mí y, como él, me lancé hacia lo que me motivaba apartando el falso miedo al rechazo.

En el fondo, lo que nos pasa es que nos gusta mucho criticar y juzgar a los demás. El hecho de criticar a alguien nos hace creer que los demás también nos van a reprobar a nosotros. De ahí el miedo al rechazo, al qué dirán, al ridículo, a hablar en público...

El sentido relacionado con el miedo es el sentido del tacto. Cuando tenemos miedo, nos suda la piel de las manos, se nos eriza el vello de la espalda, se nos pone la carne de gallina... Todas las afecciones de la piel, tales como la alergia, eccemas, psoriasis y también el cuerpo hinchado, se deben a un falso miedo que sustituye a la emoción correcta. Debes ver lo que te paraliza. Tu cuerpo te está diciendo que ésa no es tu vida, que lo que sientes no es un miedo auténtico, que no te congeles en la impotencia y la cobardía, que no te rindas y que no digas: «No puedo hacer nada, es lo que me ha tocado vivir». De ti y tan sólo de ti depende tu salud. Tu cuerpo es más sabio que tú, ¡escúchalo!

DE UN VISTAZO

Si sientes miedo, analiza si se debe a una *amenaza* o peligro existente. Si es así, te permitirá establecer límites para defenderte y conseguirás sentirte más seguro. Si no existe amenaza, será un miedo falso y tendrás que prestar atención a la situación que lo ha provocado y sentir la emoción que corresponda. Siempre que te sientas impotente, apocado, cobarde, inseguro, sin vida, estás sufriendo un miedo falso. Sólo has de cambiar la emoción por la adecuada. Si te parece difícil es porque llevas mucho tiempo paralizado y sin afrontar la vida de frente. Debes saber que nadie se reirá de ti, al contrario, te respetarán mucho más. Y si eres de los que nunca dicen «NO» para no molestar, empieza a expresarlo. Decir «NO» aporta resultados espectaculares de inmediato, te valorarán más y te tendrán mucho más en cuenta. Recuerda que el miedo existe para obtener seguridad, y la base es el respeto. Advierte que ese bloqueo significa que eres víctima de un miedo «mental». Trata de centrarte en lo que puedes ganar, no en lo que puedes perder y piensa si te arrepentirías de no hacerlo. Recuerda que eres tú y nadie más quien puede decidir y elegir cambiarlo.

Antes de pasar a la siguiente emoción, te propongo evocar un acontecimiento de tu vida en el que hayas sentido un falso miedo, y pienses cómo te bloqueó. Y otro que correspondiera con un miedo auténtico y qué pasos diste; si éstos fueron adecuados y conseguiste sentirte seguro o utilizaste una falsa emoción que sustituyera al miedo auténtico. Es importante que lo hagas ahora mismo, pues es el único modo de que afiances el conocimiento de esta emoción. «Lo que oyes no lo olvidas, lo que ves lo recuerdas, lo que haces lo entiendes.» Si lo haces del mismo modo con todas las emociones, avanzarás rápidamente hacia la felicidad.

8. LA TRISTEZA

«Ah! —exclamó Cyrus Smith—. ¿Lloras...? Ya eres un hombre.»

JULIO VERNE

«Me he dado cuenta de que he pasado el cincuenta por ciento de mi vida sufriendo por cosas que nunca llegaron a ocurrir.»

WINSTON CHURCHILL

La palabra «tristeza» está cargada de simbología adversa o dañina, pues nos remite a depresión, fatalismo, negatividad o culpabilidad. Sin embargo, son falsas tristezas.

La *tristeza auténtica* es la que nos ayuda a percibir las *pérdidas*, de modo que nuestro cerebro se activa produciendo una idea dirigida a encontrar una solución que compense dicha pérdida. La palabra clave es «pérdida». Puede tratarse de la pérdida de salud, de bienestar económico, de una amistad, de un objeto material o de un ser querido. Si no hemos sufrido una merma, quebranto o privación de algún tipo, sentir tristeza sería inútil, ya que no sólo no se resolverá el problema, sino que se agravará aún más.

Imagina que te levantas un día con un fuerte dolor de garganta y al día siguiente tienes que recibir a un grupo de amigos. Ese malestar te puede impedir realizar una actividad que te habías propuesto de antemano. La emoción tristeza nos permite ser *sensibles* para percibir el daño y prevenirlo. Identificaremos un posible sufrimiento futuro y nos reorientaremos para lograr un cambio de resultados. Comprenderás que ese dolor es una pérdida de bienestar y de salud. Tu cerebro se activará para encontrar una solución a tu problema, por ejemplo, quedarte sin hablar ese día, tomarte una aspirina o un vaso caliente con miel y limón. Es el modo de prevenir una pérdida mayor recuperando tu equilibrio y tu salud. Pero si al notar la molestia en la garganta te enfadas, te parece injusto y pasas todo el día malhumorado, anticipando la mala suerte de encontrarte mal para la recepción, no sólo no habrás solventado el asunto, sino que lo cargarás contra terceros, amargándote y repercutiendo tu estado de ánimo en tu entorno.

FINALIDAD DE LA TRISTEZA

Una vez conquistada la seguridad gracias al miedo auténtico, vamos a intentar evolucionar en nuestra vida. La finalidad de la tristeza es el **desarrollo**; sin ella no habría posibilidad de incrementar, mejorar, prosperar o evolucionar. Todo se acabaría perdiendo. Terminaríamos en la añoranza de lo que pudo ser y no fue.

¿QUÉ NECESITAMOS PARA DESARROLLARNOS?

Una vez consideremos que nuestra existencia se sustenta sobre una seguridad firme, buscaremos el modo de desarrollarnos. Para ello entran en juego: la evolución, la toma de conciencia, el análisis, la búsqueda de opciones y soluciones, el florecimiento de la inteligencia, la prevención de pérdidas futuras, el pensamiento y el aprendizaje. También la gestión del tiempo y la comunicación. Todo ello lo obtendremos con la correcta aplicación de la emoción tristeza.

Somos seres en evolución; resistirse a ello nos tornará inconscientes, soberbios, rencorosos e ignorantes. La consecuencia será el sufrimiento. Por el contrario, cuanto mayor es nuestra evolución, más responsables, sanos, conscientes y, por ende, más felices seremos. Así que lo primero y más importante es tomar conciencia y preguntarnos qué nos está pasando, ya que no se puede arreglar algo a menos que conozcamos su existencia. Una vez que te hayas percatado de que hay personas que te utilizan o se aprovechan de ti, ya puedes pasar a analizar el escenario para encontrar la mejor opción. Es decir: toma de conciencia, análisis y búsqueda de soluciones. Lo cual es posible gracias a que la tristeza nos pone en contacto con nuestro hemisferio izquierdo, la parte del cerebro relacionada con la inteligencia. Por lo tanto, es la emoción la que nos convierte en personas inteligentes. Cuando decimos «No quiero sentir tristeza» es como decir «No quiero ser inteligente». El oído, sentido asociado a la tristeza, nos faculta para recibir infinidad de datos con el fin de desarrollarnos. Éste se cuida de archivar, seleccionar, clasificar, etiquetar y procesar los datos para cuando los necesitemos. Archivamos los datos, según las experiencias vividas. Si revivimos una situación que nos resulta conocida, recurriremos a la tristeza para relacionar ese nuevo acontecimiento con el antiguo. Éste es el modo de llegar al aprendizaje. Debemos discernir, al igual que con el miedo, la diferencia entre aprender y proyectar en los demás un maltrato o una decepción que hayamos sufrido anteriormente. El hecho de que una persona se comporte de un modo antipático con nosotros, en ningún caso debe ser extrapolable al resto. Con la tristeza aprendemos porque nos hace ser sensibles, captando de un modo adecuado lo que pasa a nuestro alrededor. También porque nos ayuda a prevenir posibles pérdidas futuras no deseables. Al tener todos los datos grabados, es también la emoción la que se ocupa de pensar y memorizar, procedimiento que nos conducirá a encontrar opciones y soluciones de cara a resolver cualquier apuro.

¿CUÁNDO ES BUENO PENSAR?

Tendemos a comernos el coco demasiado. Continuamente, damos vueltas a la cabeza e, inevitablemente, como un resorte automático, anticipamos lo que puede pasar en el futuro, conduciéndonos a la angustia, al estrés y a la negatividad. O permanecemos atrapados por el pasado. Entonces surgen la depresión, los sentimientos de culpa y el rencor.

En realidad, **somos lo que pensamos** y, sin darnos cuenta, eso es lo que atraemos a nuestra vida. Si tus pensamientos reflejan una visión pesimista del mundo, eso es lo que sientes sobre ti, mientras que si reflejan una visión optimista es lo que recibirás en tu vida. El caso es que siempre nos olvidamos de vivir el presente, el momento actual, el ahora. Tendemos a acudir a lo mental si presentimos una situación de dolor o de miedo. La creencia de que «no lo vamos a poder soportar» nos hace responder con la huida, la queja o el exceso de raciocinio. **Pensar sólo es útil y necesario cuando tenemos un problema que resolver**. En cualquier otra ocasión, el pensamiento es vicioso, no aporta ni ayuda en nada, anticiparemos millones de problemas en nuestras vidas que seguramente nunca llegarán a ocurrir, y todo ese tiempo que hemos dedicado a darle vueltas a la cabeza con interminables diálogos interiores lo hemos perdido. Es un tiempo mal empleado que nos ha impedido disfrutar de los momentos presentes y sacarles el mayor partido. Nos ha restado energía y eso sí es motivo de tristeza auténtica. Es tan importante aprender a realizar una buena gestión del tiempo, que cada minuto de nuestra vida mal empleado es un minuto perdido que nunca recuperaremos. Sería bueno coger papel y lápiz en este mismo momento y apuntar con detalle un día normal de tu vida, detallado por horas desde que te levantas hasta que te acuestas, y observar si empleas bien el tiempo o lo pierdes con tareas infructuosas, con charlas y críticas negativas que nada te aportan, con opiniones sobre fútbol o los cotilleos de la semana, cumpliendo con compromisos que no te apetecen y te hacen sentir mal. Esto resta en tu vida. Es básico ocupar nuestro tiempo en actividades positivas, que nos vigoricen y que nos desarrollen. Si eres una persona abrumada, que nunca tiene tiempo para sus amigos ni su familia, serás una persona que gestione mal las pérdidas y por lo tanto la tristeza. Analiza también cómo te comunicas. ¿Sintetizas la información que quieres compartir, o tus discursos son largos y pesados aburriendo a los que te escuchan? Si gestionas equivocadamente esta emoción también lo harás con tu tiempo y tu forma de relacionarte.

Una alumna, profesora de instituto, me relataba cómo había asimilado la tristeza en su vida cotidiana. Un buen día, al encender el ordenador descubre que se han borrado archivos con información necesaria de padres y alumnos. Su primer impulso fue gritar y despotricar. Sin embargo, recordó que la situación era de pérdida. La tristeza le impulsó a sentarse, respirar y reflexionar. «Bien, he perdido datos importantes y por mucho que patalee no los voy a recuperar. Algo se me ocurrirá para superar este perjuicio.» Un compañero le pasó su copia y algo arregló, pero lo importante sucedió cuando dijo: «La verdad es que hace mucho que no hablo con algunos padres; rehacer la agenda me va a dar la oportunidad de retomar muchos contactos y creo que resultará beneficioso». El resto de los compañeros, al conocer su percance, pasaron a «darle el pésame» sin dar crédito a cómo se lo había tomado, y la rapidez de su actuación en la recuperación del control de la situación. Si utilizamos la tristeza de esta manera, convertiremos las pérdidas en aprendizajes que se traducirán en oportunidades de mejora.

OÍR O ESCUCHAR

«Que sí, que te estoy escuchando...», nos dicen a menudo cuando hablamos con alguien por teléfono mientras oímos el tecleo en su ordenador, las páginas de su agenda pasando y las órdenes a su secretaria. En esos momentos nos damos cuenta de que hemos pasado a un tercer o cuarto lugar en las ocupaciones de esa persona. De esa conversación surgirán malos entendidos que requerirán una mayor inversión de nuestro tiempo para repararlos. «Te dije que era así.» «¡Qué va! Me indicaste que era de otro modo.» No escuchamos, sencillamente oímos sin prestar atención. Cuando mantengas una conversación de cualquier tipo y en todo lugar con alguien, mantén tu interés, escucha, mira a los ojos, entiende, capta el significado de sus palabras, despierta ese maravilloso sentido y exige que te presten la misma atención. En la comunicación no hay protagonistas. Nos debemos esa mínima consideración.

LA COMUNICACIÓN

La tristeza auténtica nos convierte en personas inteligentes y nos permite establecer vínculos de comunicación entre las personas. Acumular datos y ponerlos a nuestra disposición nos posibilita relacionarnos. Aunque pensemos que la comunicación verbal es la más importante, si no va acompañada de un lenguaje gestual coherente, de un tono y énfasis acorde no le daremos veracidad. No es lo mismo que tu pareja te diga «te amo», con los ojos brillantes y apasionada, a que te lo diga mirando para otro lado como cumpliendo contigo. Lo uno refleja credibilidad, lo otro no. Una buena noticia expresada en tono irritado variará negativamente el significado original, mientras que una mala manifestada con calma tendrá un impacto más favorable en el receptor. No es tan importante lo que digamos, sino cómo lo digamos. Además, la palabra no es tan significativa como los hechos o comportamientos. Puedes intentar hacer creer que eres una persona honesta y solidaria, pero si luego te comportas con envidia y tacañería, tus palabras van a carecer por completo de valor y los demás lo notarán. Pero no debemos olvidar el lenguaje de los sentidos, pues éstos nunca mienten. Si percibes en una persona que le sudan las manos y las seca continuamente en el pantalón sabremos que esa persona está nerviosa, por mucho que pretenda aparentar tranquilidad. Lo que captemos a través de los sentidos nos conducirá con toda probabilidad a la realidad. Este dato seguro que te sorprende: en una presentación, el 55 % del impacto viene determinado por el lenguaje corporal, el 38 % por el tono y tan sólo el 7 % por el contenido de la presentación.

Cuando nos relacionamos con otra persona a través de la comunicación, deberíamos sentirnos bien, mejor de lo que estábamos al inicio, de lo contrario no será un intercambio inteligente que nos lleve a progresar. Sería conveniente reflexionar que algo estamos perdiendo en esa relación, ya que una parte de nosotros se siente insatisfecha. Debes respetarte y analizar si la otra persona pretende algún tipo de manipulación.

Concluimos que la tristeza tiene como finalidad convertirnos en seres inteligentes, y a través de esa inteligencia podremos desarrollarnos y encontrar soluciones que nos aporten más de lo que podríamos perder. Una persona en contacto con su tristeza, es decir, inteligente, sabe que no hay problema sin arreglo; es sensible y previsor.

SITUACIÓN	>>>>	PÉRDIDA		
EMOCIÓN	>>>>	TRISTEZA		
FINALIDAD	>>>>	DESARROLLO	>>	EVOLUCIONAR
				TOMAR CONCIENCIA
				ANALIZAR
				ENCONTRAR SOLUCIONES
				SER INTELIGENTE
				PENSAR / APRENDER
				GESTIONAR EL TIEMPO
				COMUNICAR

FALSAS TRISTEZAS

Existe una tendencia muy generalizada a sentir rabia en situaciones de pérdida (hablaremos de ello ampliamente en el próximo capítulo). Este mal uso es el que nos arrastra al rencor, al resentimiento, a los deseos de venganza y a la amargura.

Veamos un sencillo ejemplo: tienes una entrevista de trabajo pero por cualquier motivo llegas tarde, perdiendo la posibilidad de obtener un empleo bien remunerado. ¿Qué emoción experimentas?, seguramente contestas que rabia. Vamos a explorar más a fondo qué nos pasa si ante una pérdida, en vez de tristeza, manifestamos rabia. Lo primero que harás será enfadarte y buscar culpables. Te molestarás con la recepcionista achacándole que no te indicó correctamente la hora de la cita, echarás la culpa al tráfico o a ti mismo y te fustigarás por bobo, porque siempre te pasa lo mismo, porque no aprendes. Con esa reacción difícilmente encontrarás una salida a tu problema, te pasarás el día de mal humor, y cuando encuentres un amigo le contarás tu mala suerte para compartir tus desgracias con los demás. No sólo estarás rabioso tú, sino que conseguirás agriar a los demás.

Todos los rencores, resentimientos y deseos de venganza tienen su origen en no querer asumir ni responsabilizarse de las pérdidas como tales, para impedir aterrizar en la tristeza que nos ayude a pensar qué solución resolverá nuestro problema. Preferimos expresar rabia, tratando la pérdida de injusticia o manipulación. Por otro lado, en el ejemplo anterior, si en vez de tristeza hubiéramos sentido miedo, nos habríamos quedado paralizados con sensación de impotencia, y si hubiéramos sentido alegría, huiríamos de las pérdidas a las que preferimos no enfrentarnos actuando de un modo inconsciente.

> «El verdadero conocimiento es conocer la medida de la propia ignorancia.»
>
> CONFUCIO

Acabamos haciendo lo que los demás hacen, estemos de acuerdo o no, nos parezca adecuado o no. No queremos ser diferentes. Seguimos las conductas que la sociedad nos impone. Así se van esfumando nuestras emociones sanas, aquellas que teníamos intactas al nacer, y terminamos olvidando nuestra esencia. Eso es tristeza, lo que pudo haberse evitado y se perdió. Tú puedes rememorar cómo y cuándo voluntariamente volvistes la espalda a tus emociones y a manifestarlas con autenticidad, cómo fuistes sufriendo estas pérdidas, para ser aceptado y querido por tus padres. Entonces no había más remedio, era la única forma que encontrasteis para sobrevivir, pero ahora eres inteligente, tienes experiencia, ya no necesitáis vivir del mismo modo que os impusieron. Puedes recuperar esas facultades que permanecen aún en ti, aunque atrofiadas por falta de ejercicio. Así contribuirás a que tus hijos no las pierdan. Como dijo Jung: «No hay mayor dolor que tener una vida sin sentido». Todo depende de ti.

DISFUNCIONES DE LA TRISTEZA

Vamos a relacionar las reacciones más normales que se producen cuando sentimos falsa tristeza, es decir, cuando sentimos tristeza ante un estímulo que no suponga una pérdida:

1. El pesimismo

Nos volvemos fatalistas o derrotistas cuando lo vemos todo negro y anticipamos catástrofes sin saber si van a ocurrir o no. Son sentimientos tan negativos que nos inmovilizan, impidiendo ver las cosas como realmente son. El pesimismo es una manifestación de falsa tristeza que reemplaza al miedo auténtico. Es decir, ante una amenaza o peligro, en lugar de acudir al miedo que eleve muros para defendernos, lo que ocasionamos es tristeza, adelantamos una posible situación de pérdida y damos el problema por inevitable.

Te enteras de que tu hijo de siete años, a escondidas, ha salido de excursión por la noche con unos amigos en busca de animales. Lo lógico sería abrir la puerta al miedo por la amenaza de que algo malo le pudiera ocurrir, diagnosticando el grado de peligro. De esta manera, haciéndole ver que él también debería haber sentido miedo ante los riesgos, impondrás normas adecuadas para un hogar con más seguridad. Pero si sientes tristeza, empezarás a ver que lo malo ya está pasando, creando a priori en tu mente un problema que aún no se ha producido. Ese fatalismo te impedirá reaccionar correctamente. No conseguirás la seguridad que hubieras obtenido con el miedo.

Pesimismo = *Falsa tristeza, en vez de miedo auténtico.*

2. El sentimiento de culpa y la depresión

Se produce cuando en una situación en la que debemos expresar rabia, es decir reparar una injusticia, nos sentimos tristes, resignados y conformistas. Con la tristeza vamos a reflexionar. Siempre nos lleva al pensamiento y a procurar respuestas correctas a los conflictos. Intentaremos averiguar en qué momento nos equivocamos, pero al tratarse de una injusticia, no podemos buscar la culpa en nosotros pues no la hay.

Una mujer que se entera de que su marido es infiel debería sentir rabia, no tristeza. Si esa mujer no reacciona ni confronta a su marido, permanecerá en la tristeza torturadora imputándose la infidelidad de su marido. Ese sentimiento de culpa le hará responsabilizarse de sus males y la conducirá a la depresión generando más culpabilidad y más desánimo. Se adentrará en un círculo del que sólo podrá escapar si asume la realidad y reconoce que lo que debería expresar es una sana rabia contra esa injusticia.

Hay muchas personas que oponen una gran resistencia a la hora de exhibir rabia ante una mentira, engaño, agresión o injusticia. De pequeños seguramente les impidieron expresar esa emoción. En cambio, explotarán de ira ante una circunstancia que no requiera rabia (son tan contenidas como una olla a presión, no se sabe cuándo pueden explotar). Entonces se sentirán culpables por tragarse mentiras y no reaccionar, por ser conformistas y resignados, y no atreverse a ponerse en su lugar. Es esa culpa la que lleva a la depresión. Si te enfrentas a alguno de estos sentimientos, has de buscar qué situación de injusticia estás viviendo que no te atreves a reconocer o denunciar. La vía es reaccionar; si la rabia no se expresa, se enquista descomponiendo nuestro interior. Cuando veamos el capítulo de rabia sabremos cómo proceder. El sentimiento de culpa no es más que rabia reprimida, que al no liberarla se vuelve contra ti mismo, culpabilizándote.

Sentimiento de culpa/Depresión = *Falsa tristeza, en vez de rabia.*

3. La negatividad

Cuando te sientes negativo es porque estás transformando un motivo de alegría, bienestar, paz y disfrute en tristeza. Como si alegrarte te hiciera perder algo.

Cierto día invité a una amiga a una fiesta, razón de alborozo y diversión, y empezó a anticipar cosas negativas. Que no iba a estar a la altura, que no tenía tiempo para comprarme un regalo, que no sabía qué ponerse... Yo sólo quería verla y que pasáramos un buen rato juntas. Ella no supo compartir esa alegría y prefirió quedarse en casa sintiéndose cada vez más negativa.

Negatividad = *Falsa tristeza, en vez de alegría.*

¿VAS DE VÍCTIMA?

Todos conocemos a personas que escogen el papel de víctima. De alguna manera nos acercamos a ellos por un sentimiento de solidaridad. Nos equivocamos, deberíamos alejarnos y mantener las distancias. El papel de víctima es muy peligroso, es como un virus que propaga la energía negativa contagiándola con rapidez. Además, debemos saber que es elegido consciente y voluntariamente, porque las víctimas lo son, en beneficio propio, y siempre ganan algo con su actitud: atención. Confunden atención con amor. Nos parecen tan mártires que ahí estamos, a su lado, para que nos chupen energía. Podemos reconocer a los victimistas porque siempre se quejan, sin intentar reconocer que ése es el modo de atraer más desgracias a su vida. También abusan de las justificaciones cuando nadie les pide ninguna explicación. O culpabilizan, como si de un juego se tratara, a cualquier persona o circunstancia sin mirarse a sí mismos. Ten en cuenta que si eres prisionero de un victimista pensarás que le estás ofreciendo amor, cariño, ayuda. No te engañes: ésa será una emoción falsa. En realidad, estás ofreciendo tristeza, pues pierdes tu tiempo, tu energía, la posibilidad de relacionarte con personas que te aporten. Aléjate lo más posible de ellos sin sentirte culpable, no pretendas que cambien su actitud. No lo harán porque no quieren hacerlo por propia voluntad, ésa es la vida que han escogido. Tu cometido es aprender y mejorar. Con este talante estarás contribuyendo a tu seguridad, y a incrementar tu autoestima, pues mostrarás respeto por ti cuidándote y protegiéndote.

ME DA PENA...

Es una variante del anterior. Conozco a muchísimas personas que mantienen relaciones con amigos porque les dan pena, y lo que es peor a parejas que continúan su unión porque uno de los dos siente pena del otro. «Pobrecillo, si le dejo qué va a ser de él». Mientras tanto, tú vas perdiendo tu vida, y encima te sientes culpable sólo de pensar en alejarte. Has de asumir que cada uno es responsable de su vida y no haces ningún favor quedándote con alguien por pena. La otra persona tiene el deber hacia sí misma de construir su camino, su vida. Obviamente, les resulta más fácil depositar todo su peso sobre el otro, que acaba, además de agotado, sometido y manipulado por el pobre que le da pena. Toma conciencia de que esa relación es tóxica. Nunca te quedes con nadie por pena. Tú y sólo tú acabarás perdiendo. La emoción adecuada es la rabia, pues socavada y sutilmente estás siendo utilizado. Con la rabia serás justo contigo y cortarás. Si te quedas en la falsa tristeza, el sentimiento de culpa te limitará y pasará factura. Vive tu vida, pero sólo la tuya. No cargues con las inseguridades de otros que pretenden hacerte sentir mal.

DIFERENCIA ENTRE LA TRISTEZA VERDADERA Y LA FALSA

Cierto año, mi pareja y yo pasamos una semana de vacaciones con unos amigos que tienen una hija india adoptada. Una niña preciosa, rebosante de alegría, que se llama Vandana. Paseando por un pueblecito, la niña, que entonces tenía ocho años, vio un elefantito, de esos que son imanes para la nevera, pintado con motivos indios, que a ella le encantó porque le recordaba a su tierra natal. Compró el elefantito con sus ahorros y su cara resplandecía de pura felicidad. Llevaba la bolsita como si de un tesoro se tratase, la vigilaba y no se separaba de ella. ¡Estaba entusiasmada! Cuando llegamos a casa, *Mariví*, nuestra perrita teckel miniatura, se lanzó a dar saltos de alegría por la ilusión de verla y, sin querer, la bolsita, con su figura tan preciada, se cayó al suelo. ¿Cuál fue la reacción de la niña? Lo primero que hizo fue acariciar a la perrita diciendo: «No te preocupes, tú no has tenido la culpa». Y acto seguido cogió la bolsita para ver los desperfectos. Efectivamente, el elefantito se partió en tres trozos. Cuando la niña lo vio, con su cara apenada dijo: «Voy a necesitar pegamento. Arancha, ¿tendrás en casa?». Así acabó la historia, problema resuelto. ¡Eso sí! Su reacción me dejó maravillada.

Éste es un bonito ejemplo de tristeza auténtica. Vandana pierde algo que para ella es precioso, y reacciona con la emoción adecuada que la conecta al instante con la inteligencia. Ésta la encamina a pensar cómo puede solucionar su problema. Utilizando bien la tristeza podemos encontrar soluciones increíbles a cualquier asunto que tenga que ver con una pérdida (de salud, de bienestar, de una expectativa, de amistad...), incluso aquellos que consideremos muy graves o imposibles. Por el contrario, la mayoría de los niños de esa edad que conozco hubieran adoptado una posición muy distinta. Lo primero que hubieran hecho habría sido culpar a la perrita: «Ha sido por tu culpa, tú me has empujado». Y luego habrían protestado y creado todo un drama: «Quiero otro nuevo, ya no quiero cenar». Ésta es la reacción más común ante las pérdidas, expresar rabia que reemplace a la tristeza auténtica. Los niños no nacen sintiendo esas falsas emociones. Son fundamentalmente los padres los que a diario actúan erróneamente, considerando ellos que el mundo es así y que de esa manera deben comportarse para llamar la atención adulta.

TÚ ERES SU EJEMPLO

Vamos a imaginar un escenario: tienes un día de problemas y preocupación en el trabajo; además alguien te culpa de algo que no has hecho y no has sabido reaccionar. Encima, cuando coges el coche para volver a casa alguien te lo ha rayado. Como estás enfurecido te saltas un semáforo, y casi colisionas con otro vehículo. Llegas a casa cansado, enfadado. El mundo es injusto y no tienes ganas de jugar con tu hijo porque lo que te apetece es gritar. El niño cree que ése es el tipo de vida que le espera y se pone a la defensiva porque lo que hay que hacer es chillar e insultar. Ahora imagina que ese mismo día, al llegar a casa, te das cuenta de que tu día ha sido terrible, pero que tú tampoco has sabido reaccionar de la manera adecuada ante los estímulos que acontecían. Como eres honesto, te sientas con tu hijo y se lo cuentas: «Fíjate, no me atreví a reaccionar y me tragué la culpa de algo que no había hecho yo. Luego, cuando vi el coche rayado me enfadé aún más y, claro, ya no estaba tan concentrado en conducir y casi me doy un golpe». Se lo cuentas así, sin más, abriéndole tu corazón, creando un espacio de intimidad. Serás humano, no un ser invencible que es lo que en el fondo quieres que piense tu hijo, y que a la larga desvalorizará su autoestima, incrementando su competitividad. De ese modo, tu hijo también se destapará y te contará, por ejemplo, que un compañero le quitó los lápices y que él se puso a llorar, y tú le entenderás. Así es como se estrecha la relación de intimidad entre padres e hijos. Te contará sus problemas porque percibe que tú le respetas, porque sabe que tú también los tienes y no siempre reaccionas de la manera adecuada para resolverlos. De los errores se aprende y por eso es tan bueno cometerlos. Será consciente de que no eres perfecto y que él tampoco lo es. Nadie le exige que lo sea; entenderá que la vida es variedad, diversidad y múltiples colorines. Aprenderá a ser respetuoso con los demás. Empatiza con tu hijo, entiéndele, ponte en su lugar, sufre y llora con él por sus pérdidas y hazlo también con las tuyas. Ésa es la clave para el desarrollo.

¿CUÁNDO UNA TRISTEZA ES VERDADERA?

Cuando quedan heridas, porque un problema no ha sido resuelto, nos enfrentamos a dos alternativas. Dejar esas lesiones abiertas (porque «no quiero sufrir»), que permanecerán presentes durante toda tu vida sin resolver nunca tus problemas, cargándolos en tu espalda o dirigiéndolos a otros. O atender a la tristeza y permitirte ese tiempo de lentitud; permitirte llorar y cerrar ese daño que, una vez cicatrice, se convertirá en un maravilloso aprendizaje y fuente de sabiduría. No tomar conciencia del dolor e intentar obviarlo implica convertirlo en algo negativo y arraigarlo aún más. La tristeza verdadera es una oportunidad para evitar una pérdida, pues sabemos que nos ayuda a prevenir, y si la pérdida ya se produjo, nos permitirá encontrar medidas que la reparen y nos faciliten desarrollarnos. Éste es el modo en que la pérdida se convierte en aprendizaje y también es la única forma de eliminar las causas de los problemas. No podemos dedicar toda nuestra energía en reparar desperfectos. Es necesario entristecerse por las pérdidas de acuerdo con la importancia de cada una (no es lo mismo perder un regalo que un trabajo, o a un ser querido, que es la mayor causa de tristeza), llorándolas si fuera preciso. Has de ser honesto contigo mismo. Eso nos hará recapacitar y localizar la mejor respuesta para seguir adelante con optimismo y con vitalidad. Si te da pereza pensar o prefieres que lo haga otro por ti estás renunciando a una emoción importantísima, y por lo tanto a ser una persona inteligente. Hay infinidad de ejemplos en los que la tristeza nos ayudará a salir adelante e incluso nos propiciará estupendas expectativas en la vida: divorcio, fallecimiento de un ser querido, enfermedad grave, despido laboral, disputas en la pareja, etc.; la lista es interminable.

Tengo una amiga que gestiona la tristeza con gran eficacia. Desde que la conozco ha sufrido varios sucesos relacionados con pérdidas: su marido se lió con una compañera de trabajo, al poco falleció su madre. Al cabo del tiempo se volvió a enamorar y se casó por segunda vez, pero los hijos deseados no llegaban, más adelante fue despedida de su trabajo. En todas estas situaciones la he visto sufrir. Nunca ha huido tratando de demostrar que no pasaba nada, tampoco ha ido de víctima, ni se ha hundido, ni ha intentado responsabilizar a otros de sus males. Lo que sí ha hecho es tomar conciencia, asimilar y analizar cada situación. Desahogar de manera natural sus penas con amigos íntimos y con su pareja. Esto alivia mucho y descongestiona. Ha sabido encajar cada situación, aceptando la tristeza. Tras sus duelos siempre ha salido reforzada. Ahora tiene dos hijos preciosos y un negocio que va viento en popa.

Enfrentarse al dolor y sufrirlo, en la medida necesaria, nos brindará nuevas oportunidades y nos reactivará. Puedes perder un trabajo y sentirte fracasado, pero lo que nunca pierdes es tu ser, lo que eres, ni tus talentos y potencialidades. Comprueba que el fracaso no existe, tan sólo es una *pérdida* de expectativas que propiciará un nuevo aprendizaje.

DE UN VISTAZO

Si te sientes triste, analiza si ha habido algún tipo de pérdida en tu vida. Si es así, estás sintiendo la emoción adecuada. Párate, reflexiona, y encontrarás soluciones inteligentes que te llevarán a sentirte realmente bien. Si no se ha producido ninguna pérdida ni nada indica que se vaya a ocasionar, entonces estarás sintiendo una tristeza falsa, resignado a vivir algo a lo que podrías poner remedio. Acabarás deprimido, o anticiparás problemas inexistentes con su correspondiente angustia y ansiedad. Te convertirás en una persona negativa, que va por la vida de víctima porque le resulta más cómodo. Recuerda que la tristeza es una emoción muy útil y necesaria sólo si se aplica correctamente. Presta atención al estímulo y reacciona con la emoción adecuada.

Una directiva me detallaba un episodio de depresión, que sufrió durante los últimos meses de permanencia en el trabajo que desempeñaba. Es bueno poner nombre a cada situación que vivimos. Así no nos engañamos. Siempre fue una persona optimista y vitalista, por eso rechazaba esa palabra tan fea: la «depresión». Hubo un cambio de accionistas y llegó un nuevo equipo a dirigir la compañía. Entonces empezó a vivir un espectáculo del que ha aprendido muchísimo a la larga y se siente agradecida por esa experiencia, aunque entonces no lo vivió así. Casi todo el equipo directivo que dirigía le dio la espalda y empezó a hacer «méritos» para ponerse medallas y escalar puestos. Las puñaladas traperas estaban a la orden del día, lo que antes era un clima de confianza se transformó en una jungla donde sólo sobrevivían los que más trepaban. Empezó a sentirse agotada, casi exhausta, le costaba un esfuerzo tremendo levantarse para ir a trabajar y el decaimiento la agobiaba. Se debatía entre el miedo y la tristeza. Tenía pánico a perder ese trabajo: ¿qué iba a ser de ella?, ¿cómo podría mantener su nivel de vida? Así pasaron nueve infernales meses, dejando que la vida discurriera. Pero, claro, el cuerpo es sabio y empezó a dar señales de que algo no iba bien: además del agotamiento, no podía respirar, tenía que usar un potente espray día y noche, luego apareció una alergia en un ojo y empezó a adelgazar considerablemente. Los problemas se solucionaron de inmediato cuando decidió pasar a la acción y hablar con el presidente. Acordaron que la empresa prescindiera de ella a cambio de una importante indemnización. Sus problemas se resolvieron como por arte de magia y gracias a esa decisión, que tardó nueve meses en tomar, creó la empresa que siempre había deseado y se rodeó del equipo que eligió. El miedo falso la llevó a la impotencia, y la tristeza falsa a la depresión. Al final, se dio cuenta de que la emoción que tocaba y la única que le permitiría salir de aquel embrollo era la rabia.

Toma conciencia de que cada uno puede crear la vida que imagina, rebosante de salud y felicidad, utilizando las emociones correctas.

9. LA RABIA

«—Hay dos lobos aullando dentro de mí. Uno está lleno de ira, odio, amargura y deseo de venganza. El otro lobo que tengo está lleno de amor, generosidad, compasión y deseo de perdón.

—¿Qué lobo crees que ganará? —preguntó el niño.

—Al que dé de comer —contestó el abuelo.»

UN ABUELO A SU NIETO

La rabia tiene mala reputación. Tendemos a reprimirla al calificarla de emoción negativa. Pero cuando la acumulamos y no la expresamos termina manifestándose como una explosión incontrolable de violencia y destrucción que puede derivar en rencor, resentimiento, deseos de venganza, odio o amargura.

Sin embargo, podemos reconducirla buscando una forma de liberarla, sin daños en nosotros ni en los demás, dirigiendo su energía hacia la conquista de la justicia y de los valores con los que queremos enmarcar nuestra vida. Como dijo Aristóteles:

«Aplicar la ira a la persona adecuada, en el momento adecuado, con el propósito justo y de la forma correcta».

Definimos la *rabia auténtica* como la capacidad de reaccionar contra injusticias, manipulaciones, mentiras, engaños, traiciones o agresiones. La palabra clave es «mentira». Si no se ha sufrido una injusticia, manipulación o mentira, la rabia será falsa y producirá en nosotros disfunciones emocionales que pueden quebrantar nuestra salud.

Para manejar bien la rabia bastan dos sencillas decisiones: una negativa donde expresas tus quejas o críticas y otra positiva donde aportas soluciones. Cuando tu hijo protesta por algo, lo que está diciendo es *así no*: «Así no quiero las cosas». Lo que deberías enseñarle es a decir *así sí*, para que indique cómo lo quiere. Saber el *cómo* nos ayuda a entender al otro evitando ataques de cólera, ira o pataleos sin venir a cuento. Si tu hijo, enfadado, te dice que no quiere la sopa, y tú le preguntas cómo la quiere y te contesta que está demasiado caliente, porque la prefiere más templada, sabrás a qué atenerte y él sentirá que se le tiene en cuenta, que se le escucha. Asumirá que no necesita llamar la atención con llantos y protestas. A los adultos nos pasa igual, nos encanta quejarnos y protestar, criticar la política, al jefe, cargar con rabia contra todo lo desagradable que nos rodea. Vale, eso es decir *así no*, pero que alguien aporte algún *así sí*, por favor, de ese modo sabremos a qué atenernos para conseguir vivir en una familia justa, en una sociedad justa, en una empresa justa.

Cometemos con frecuencia un error de expresión que nos lleva a la confusión. Acaban las vacaciones y comentas: «¡Qué rabia volver al trabajo!» o «Me da mucha rabia no poder verte». Pero no son situaciones de injusticia, sino de pérdida. Dejas de estar en el paraíso para volver a tu rutina. Pierdes la posibilidad de ver a alguien que te gusta. Deberíamos corregirnos: «¡Qué pena que finalicen las vacaciones! ¡Qué lástima no poder verte!».

FINALIDAD DE LA RABIA

La finalidad de la rabia es la justicia. Si la rabia no existiera no seríamos personas justas ni existiría justicia en nuestras vidas. La justicia implica libertad de movimientos, basándose en el respeto propio y ajeno, sin necesidad de echar mano a la amenaza. Muchas personas se consideran justas, pero has de saber que para serlo hay que desear detectar lo injusto —es decir, mentiras, manipulaciones, injusticias— y disponer de la energía necesaria para reaccionar y denunciar, proponiendo a cambio medidas equitativas. Si no te activas no te puedes considerar una persona ecuánime ni exigir que los demás lo sean contigo. Y esa justicia tan necesaria para una vida en sociedad solamente se alcanza mediante las funciones de la rabia.

¿CÓMO LOGRAMOS UNA VIDA JUSTA?

Acostumbramos a lamentarnos de escasez de justicia en la sociedad. Para obtenerla, deberíamos incorporar a nuestro funcionamiento: percepción, reacción, vitalidad, saneamiento, denuncia y ataque. Todo ello lo lograremos utilizando sanamente la emoción rabia.

Es fundamental percibir con nuestras emociones y sentidos la realidad en cada momento. La capacidad de percibir la poseemos todos, pero no todos percibimos siempre lo mismo. Hay gente más auditiva o más olfativa o más visual. Unos se fijan en los pequeños detalles y otros tienen una perspectiva más global. Sin embargo, todos podríamos captar la realidad del mismo modo, pues ésta es objetiva y común a todos. Esta capacidad la vamos malgastando. Si, tal y como he comentado antes, tu hijo te dice «Mamá, ese señor huele mal» y tú le respondes «No, no huele mal y además no debes decir esas cosas». O cuando el niño, que no quiere besar a alguien porque no le gusta y su sentido del tacto le recomienda alejarse, tú le insistes: «Anda, no seas tonto, que pareces maleducado». En ambos casos, le estás haciendo dudar de sus sensaciones. Para no molestarte, y para que no le juzgues ni critiques, acaba alejándose de sus sentidos. A nosotros también nos pasó y del mismo modo les ocurrirá a ellos salvo que atiendas sus percepciones.

La rabia nos moviliza y nos permite reaccionar. Si alguien te critica, le contestarás «No tolero que hables así de mí», porque hacerlo así nos vitaliza. Sin rabia no habría vitalidad ni movimientos. De hecho, las personas que no manifiestan rabia y la reprimen carecen de energía. Esta falta de reacción a las mentiras y a las injusticias produce somatizaciones en nuestro cuerpo, como dolores de cabeza, de estómago, náuseas, que desaparecerán al aplicar sana rabia, porque también se ocupa de nuestra salud. Cuando detectamos una mentira y la sustituimos por una verdad nos saneamos y, por último, la rabia nos empuja a denunciar y atacar si es preciso, para suprimir abusos recuperando la justicia en nuestras vidas.

Podríamos utilizar una frase de Jung: «La vida no vivida es una enfermedad de la que se puede morir».

SITUACIÓN >>> MENTIRA / ENGAÑO / MANIPULACIÓN
EMOCIÓN >>> RABIA
FINALIDAD >>> JUSTICIA > PERCIBIR Y REACCIONAR
VITALIZAR Y SANEAR
DENUNCIAR Y ATACAR

CUANDO DECIMOS: «TENGO QUE CORTAR CON ALGUIEN».

A todos nos sucede. Tenemos una buena relación con un amigo o amiga, durante un tiempo, y un buen día algo estalla y decimos: «Tengo que cortar con fulano». Cuando sucede esto, lo hacemos usando la rabia. Llega un momento en que no aguantas más y quieres que esa persona salga de tu vida ¡ya! Se acabaron las oportunidades, se acabó la paciencia. «¡Hasta aquí hemos llegado!»

Normalmente, cuando cortamos con alguien es porque esa persona de algún modo ha abusado de nuestra confianza, o nos hemos dado cuenta de que esa amistad que parecía sincera en realidad estaba establecida basándose en algún tipo de interés. Entonces, nos sentimos utilizados y manejados. Aplicando la rabia adecuadamente nos ponemos en nuestro sitio, evitando que ese abuso continúe. Lo malo es que, cuando tomamos la decisión, ya hemos sufrido varias decepciones, esperado demasiado tiempo, y malgastado nuestra energía de un modo innecesario. Cortamos de manera radical, sin previo aviso y sin opciones. Sin embargo, disponíamos de dos oportunidades antes de llegar a romper definitivamente. En primer lugar, tuvimos el miedo para ayudarnos a percibir las amenazas. Seguramente, si te pones a recordar, ya te había dado muestras del tipo de persona que era; tal vez no deberías haberte fiado y hubieras podido mantener una relación distanciada para que no llegara a manipularte. Si con el miedo no supiste poner límites, abriéndote a los peligros, aún contabas con la tristeza para prevenir las pérdidas. Te habrías dado cuenta de lo que podrías llegar a perder entregando tu amistad a quien no lo merece, encontrando una solución que a los dos os resultara adecuada. Si tampoco funcionó la tristeza, ya sólo queda la rabia para terminar. Lo sano sería romper sólo con la parte negativa que te molesta, no con toda la persona. Saber poner límites desde el primer momento (miedo) y saber prevenir pérdidas (tristeza) es de una gran ayuda para evitar disgustos, complicaciones e implicar a terceras personas. El esfuerzo a toro pasado es mucho mayor y tomar la decisión se nos hace tan cuesta arriba que puede llegarnos a quitar el sueño. Debes tener en cuenta que tú has sido responsable de esa circunstancia, así que no merece la pena culpabilizar a nadie. Somos los únicos responsables de lo que cosechamos.

¿POR QUÉ MENTIMOS?

Empezamos a mentir de pequeños, para que no nos regañen nuestros padres, para no hacer el ridículo, para que no se burlen de nuestros errores, para hacernos los importantes. Estos comportamientos entonces eran justificables. En su momento, nos pudieron resultar útiles para defendernos de posibles abusos o injusticias, pero ahora que somos adultos, ¿por qué seguimos mintiendo? Generalmente, lo hacemos sin motivo y en situaciones realmente absurdas. Los significados pueden ser: «Soy tan poco interesante que me invento cosas para sentirme importante ante los demás» o «Como creo que soy débil y no me atrevo a responsabilizarme de mis actos finjo situaciones y, de cara a los demás, compenso mi debilidad». Conozco muchas personas que se mienten a sí mismas. Es un mal muy extendido. Imaginan una vida paralela pues su existencia no les satisface y creen que deben convencer a los demás de sus propias mentiras: «Tengo muchos amigos; me han ofrecido varios trabajos, etc.». Si lo logran, se ratifican en sus propios engaños. ¿Conocéis el dicho «Se coge antes a un mentiroso que a un cojo»? Pues así es. Cuando alguien falta a la verdad se nota porque no mira a los ojos, se repite e insiste para que quede patente su mentira. Se le seca la garganta, titubea. El lenguaje del cuerpo adopta muchas expresiones en las personas que mienten. Y ante la mentira hay que reaccionar y denunciar. Si no, te la tragas y acabas sintiéndote engañado y mal.

En cuanto a los niños, pasan esa época de los «porqués». Preguntan por todo. Es una etapa en la que empiezan a descubrirse a sí mismos y quieren saber. Es muy importante decirles la verdad y hablarles como a adultos con un lenguaje que ellos entiendan. Si les mientes, distorsionarán la realidad y crearán otra paralela.

Un amigo llevaba cuatro años divorciado y, desde hacía tres, tenía una novia que ocultaba a sus hijos para no «herirles». En vacaciones les decía que viajaba con amigos, si salía algún fin de semana se inventaba acompañantes o decía que se iba solo. Un día, su hija de doce años le dijo: «Papá, esto es muy raro, o bien no conoces a ninguna chica que te guste o es que sales con alguien y nos engañas». El padre se quedó lívido. Luego se molestará cuando su hija tenga unos años más y le diga que se va con amigas y no le cuente que está saliendo con algún chico. Ella reproducirá lo que ha visto, y si sabe que su padre la engaña, le parecerá normal comportarse igual.

Hay personas que tienen la rabia muy presente en sus vidas, son muy vitalistas y rebeldes, que poseen un extraordinario radar que les avisa de las mentiras. Es el olfato, porque las mentiras se huelen, y a las personas muy manipuladoras y mentirosas se las reconoce porque desprenden un olor desagradable. Prueba a entrenar tu olfato y compruébalo. Los niños en esto pueden ser de gran ayuda. Ellos aún no han renunciado a ese sentido y lo tienen más desarrollado que los adultos. Si a tu hijo algo no le «huele» bien, escúchalo.

FALSAS RABIAS

Un hombre muy amable y generoso en sus actos decide organizar una fiesta por su cumpleaños e invita a todos sus amigos y conocidos. Entre estos últimos había uno que era muy tacaño y envidioso, pero aun así decidió invitarlo. Cuando apareció por la puerta le ofreció su regalo de cumpleaños: una bandeja llena de basura. El anfitrión, sin inmutarse, le contestó: «Espera un momento, yo también tengo un regalo para ti». Fue a la cocina, vació y limpió la bandeja de basura y, una vez limpia, depositó en ella un ramo de flores recién cortadas. Se la llevó al envidioso y, entregándosela, le dijo: «Cada uno regala lo que tiene».

Ésta es la expresión de la rabia auténtica y la de su finalidad: hacer justicia. Para ello no hace falta insultar, ni gritar, ni encolerizarse. La rabia sana es una manifestación enérgica y firme, pero tranquila, que te hace encontrarte a gusto contigo mismo porque sitúas a cada uno en el lugar que le corresponde. Si no exteriorizamos la rabia nos volveremos apocados, nos infravaloraremos, y la angustia, por no saber reaccionar, nos pasará factura. O nos sentiremos culpables porque nos torturaremos en vez de denunciar. O nos volveremos serviles ante los pequeños dictadores que nos rodean, ansiosos por someternos, al no ser capaces de pasar a la acción y enfrentarnos a ellos.

Encontramos cantidad de situaciones cotidianas en las que reprimimos la rabia, por el qué dirán, no vayamos a quedar mal, mejor callarse y aguantar. Una amiga me transmitía la sensación de frustración que obtenía siempre que iba a la peluquería. Por más que ella insistía en el color de las mechas o en la longitud del corte, la peluquera acababa haciendo lo que le parecía sin tener en cuenta las peticiones de su clienta. Ésta se callaba, y al llegar a casa se sentía abatida y triste al comprobar que el resultado no era el deseado. Un día decidió emplear la rabia en esas pequeñas circunstancias que nos perturban a diario. Fue otra vez a la peluquería y de nuevo el color del tinte no era el elegido. Pero esta vez me comentó: «¿Sabes lo que he conseguido utilizando la rabia con actitud tranquila? Que me regalaran las mechas, ya que les he hecho ver que han alterado mi petición. Se han responsabilizado y me han pedido disculpas. Ahora voy a la peluquería, tranquila, sabiendo que van a atender mis preferencias, porque no me callo ante las injusticias».

Recuerdo un padre, alumno de nuestra escuela emocional, que estaba muy preocupado porque su hijo era hiperactivo. Ése fue su único motivo de acudir a nuestra escuela. El día que hablamos de la rabia se dio cuenta de lo confundido que estaba, pues la verbalizaba excesivamente cuando no debía, resultando una persona nerviosa e irritable, pero se callaba cuando tenía que reaccionar ante una mentira. En ese momento entendió el mal ejemplo que daba a su hijo, ya que descubrió que muchos de sus problemas venían derivados del mal uso de esa emoción. Llevaba años tratándose por crisis de ansiedad y empezó a dejar de medicarse, ya no lo necesitaba: sabía la causa de su problema y de ese modo tan sencillo su hijo a la vez se tranquilizó. El niño no tenía hiperactividad, tan sólo repetía lo que veía en casa.

DISFUNCIONES DE LA RABIA

¿Qué nos pasa cuando sentimos rabia y el estímulo que recibimos no es de injusticia, ni manipulación ni mentira?

1. La fanfarronería

Se produce al reaccionar con ira agresiva ante una amenaza o invasión. Esta disfunción emocional sucede cuando, en lugar de ponernos a salvo, manifestamos una rabia falsa que nos induce a increpar de manera excesiva a la persona que nos amenaza o invade. Es una forma de defensa agresiva que no aporta seguridad haciendo correr riesgos innecesarios. Un coche te adelanta indebidamente, pero tú, en vez de percibir la existencia de una amenaza y apartarte del infractor, te lanzas a perseguirlo vociferando gritos e improperios. Perderás tu seguridad y tu armonía, además de *los papeles*.

Fanfarronería = *Falsa rabia, en vez de miedo.*

2. El rencor y el resentimiento

Reaccionamos poniéndonos rabiosos y furiosos cuando sufrimos una pérdida que no queremos asumir como tal, ni pararnos a pensar para encontrar una respuesta que nos permita seguir adelante con nuestra vida. Éste es un mal muy extendido en nuestra sociedad, pues en el fondo, encontramos placer en buscar responsables de nuestras pérdidas y culpar a otros, o incluso a nosotros mismos. Lo que menos apetece es pararnos y reflexionar. Un día mi pareja no encontraba las llaves de casa, y se pasó media hora enfurecido consigo mismo. «Seré idiota», se decía a sí mismo, mientras iba de habitación en habitación sin razonar. Le dije: «Si has perdido las llaves deberías utilizar la tristeza para pensar, en vez de la rabia para culpar». Se tranquilizó y en seguida dijo: «Ya lo recuerdo, están en mi pantalón».

Me viene a la memoria el padre de un amigo que sentía un gran resentimiento contra su hermana. Ésta había heredado una cantidad de dinero y esperaba que lo compartiera con él. Ella decidió no hacerlo y él lo consideró algo injusto, aunque nunca se atrevió a comentarlo. Sencillamente, se dedicó a hablar mal de ella en cualquier ocasión. Según pasaron los años la situación se agravaba, ya que él insistía en la tremenda injusticia. Se convirtió en un hombre amargado lleno de resentimiento. Ese hombre sufrió una pérdida, no una injusticia. Tenía expectativas de recibir un dinero que no obtuvo, por lo tanto, la emoción que debía haber sentido era tristeza, no rabia.

Cuando el resentimiento perdura acabamos amargados, y contaminamos a los que están a nuestro alrededor, y esto nos conduce a desear vengarnos. El rencor y el resentimiento son como tomar un vaso de veneno y esperar a que enferme el otro. «¿Quieres ser feliz un momento? Véngate. ¿Quieres ser feliz siempre? Perdona.» No pierdas la vida alimentando el pasado de «lo que fue y nunca debería haber sido». De ese modo, te quedas enganchado a la persona o situación que te hizo daño. No sueltas ni perdonas, sólo te quieres vengar. Pero debemos saber que cuando culpamos a los demás, acabamos siendo esclavos y víctimas de ellos.

> «Para soltar el pasado debemos estar dispuestos a perdonar.»
>
> LOUISE L. HAY

Resentimiento = *Falsa rabia, en vez de tristeza.*

3. La envidia

Solemos decir que es el pecado de los españoles y no nos falta razón. Casi todos envidiamos a alguien en algún momento, reconozcámoslo. Las personas que más insisten en que jamás la han padecido son las que más la sufren. La envidia es como el perro del hortelano, que ni come ni deja comer. Se produce cuando ante alguien que nos supera en algo y merece nuestra admiración, reaccionamos sintiendo rabia falsa. Normalmente, se apodera de nosotros porque no creemos ser capaces de realizar lo que el otro basándose en esfuerzos ha conseguido. En vez de intentarlo, tratando de superar nuestras inseguridades, preferimos sentir rabia destructiva contra el otro: «Si yo no puedo, él tampoco; que se fastidie». Es la mayor de las toxinas contra nosotros mismos, pues cada vez que deseamos algo malo para otros, se produce un efecto bumerán que se traduce en una desautorización o descalificación hacia nosotros mismos. A los niños les encanta competir y quieren ser los mejores. Si un compañero hace un dibujo mejor que tu hijo, y se congratula por ello, observa la reacción de tu hijo. ¿Se enfada? ¿Siente rabia? Lo ideal es felicitar al que lo hizo bien y luego atender a la superación, sin competir. Los niños no nacen con envidia, pero aprenden muy rápido lo que observan a su alrededor.

Un niño que no tiene el hábito de la lectura, porque seguramente sus padres no lo estimulan a ello, sentirá rabia al comprobar que sus amigos leen mucho mejor que él. Eso le producirá mayor inseguridad y creerá que nunca será capaz de hacerlo bien. Ese convencimiento le dirigirá a desvalorizar los triunfos de los demás. La envidia se produce por un sentimiento de inferioridad en relación con su entorno. No admirar a los demás nos incapacita para hacerlo con nosotros. Todos tenemos la posibilidad de conseguir lo que queramos si hacemos frente a nuestros miedos y luchamos por nuestros sueños. Hazlo tú también, pues posees el mismo potencial innato. Si te estancas, infravaloras o no te respetas, intenta mejorar y aprender, pero no consideres injusto que el otro se atreva y tú no.

Vamos a suponer que presentas un proyecto con la intención de conseguir un contrato que desde hace tiempo ambicionas. Trabajas duro y te sientes orgulloso de los resultados. A pesar de tus esfuerzos, el proyecto se lo encargan a tu competidor. ¿Qué emoción sentirías? Si es rabia, sería falsa y te convertiría en envidioso (salvo que tu competidor hubiera utilizado alguna ilegalidad en cuyo caso tu rabia estaría justificada). La emoción apropiada sería sentir orgullo por el que te ha superado, es decir, admiración. Además como tú has sufrido la pérdida de una expectativa, la emoción tristeza te hará parar, analizar la situación y aprender qué debes mejorar para tu próximo intento.

No hay envidia buena. Siempre es negativa y tóxica. Hablemos con propiedad: esa «envidia sana» que nombramos es admiración, y punto.

Envidia = *Falsa rabia, en vez de orgullo.*

4. La amargura

Hay otra disfunción de la rabia que es muy habitual: si estás amargado, sientes falsa rabia en vez de alegría. Una persona muy perfeccionista, que considera que primero es el deber y luego el placer, nunca encontrará tiempo para disfrutar y tachará a los que lo hacen de irresponsables, convirtiéndose en un aguafiestas. Es un modo de impedir la alegría a su alrededor para amargar la vida a las personas felices. Lo normal es que nadie cuente con él para celebraciones. Si actúas así, tus hijos serán serios y *perfectos*. Pensarán que la vida es dura e ingrata y al que disfruta le puede suceder algo malo. Serán excesivamente responsables, nunca se relajarán, ni tendrán tiempo de disfrutar de los placeres de la vida.

Amargura = *Falsa rabia, en vez de alegría.*

LAS SOMATIZACIONES

La rabia, ya lo hemos dicho, es la que nos vitaliza, nos energiza, nos activa. El no expresar rabia ante la mentira equivale a no reaccionar; entonces, tu cuerpo lo hará por ti en forma de somatizaciones.

Estas afecciones son emociones interiorizadas, no canalizadas ni expresadas, que congelan nuestra energía y vitalidad. La mayoría de las enfermedades tienen su origen en la mala ejecución de la rabia. Vamos a comentar alguna de ellas brevemente. Hoy en día, los científicos pueden observar con un microscopio el nacimiento de una secreción hormonal suscitada por una emoción (estrés, angustia, resentimiento, ansiedad, decepciones...) y averiguar su efecto sobre el sistema inmunológico. Estas enfermedades, excluidas las de origen genético o desgaste por la edad, son llamadas de auxilio. El cuerpo nos indica que así no puede ni quiere seguir. Si no atendemos a las señales, nuestras dolencias irán complicándose hasta convertirse en enfermedades graves. Un estudio realizado en Estados Unidos revela que más del 50 % de los fallecimientos que se producen cada año en ese país se deben a enfermedades de origen psicosomático.

—**Resfriados y gripes.** Siempre responden a una pérdida, que no se reconoce ni se asume, sintiendo falsa rabia en vez de tristeza. Una amiga me llamó con un resfriado tremendo y le pregunté: «Cuando cogiste esa gripe, ¿pasó algo en tu vida que se pudiera considerar como pérdida?». Después de pensarlo me contestó: «Sí, tuve una discusión con mi hija y sentí que había perdido la buena relación que manteníamos. Eso me enfureció». Si aplica la tristeza, comprobará que es una pérdida, no una injusticia, pensará cómo resolver esa situación y la gripe remitirá. Me dirás: «Si es un virus, ¿qué tiene que ver con las emociones?». Pues bien, en este caso la utilización incorrecta de la tristeza produce una caída en el sistema inmunológico que propicia pillar el primer virus que se acerque.

En otro caso, otra amiga tiene gripes constantes, sale de una y empieza con otra. Su cuerpo le está diciendo que no quiere esa vida llena de trabajo sin descanso, que pare y piense lo que está perdiendo. Mientras no lo haga, la situación de gripes continuas no cesará.

—**Dolores de estómago, de cabeza, problemas de digestión.** Es el caso contrario al anterior. Ante una situación en la que se debe expresar rabia (por un abuso, traición o mentira), la persona se resigna con tristeza conformista que le impide pasar a la acción. El cuerpo lo que dice es: «No me trago esta mentira, reacciona, si no vas a estallar».

—**La diarrea.** Es una expresión de la rabia. Cuando has eliminado un engaño de tu vida, el cuerpo lo desaloja. El estreñimiento es lo contrario, no expulsas las mentiras y el cuerpo «aprieta las nalgas».

—**Dolor de garganta.** No exteriorizas lo que necesitas decir. Tragas y encajas el enfado. Miedo falso, en vez de rabia. Las palabras almacenadas se quedan en tu garganta y te queman.

—**Estrés.** Los sentimientos de resentimiento, rencor y deseos de venganza engendran hormonas del estrés que se convierten en auténticos venenos para el organismo. Es falsa rabia, en vez de tristeza.

—**Psoriasis y eccemas cutáneos.** Es un falso miedo paralizante, en vez de manifestar rabia sana. Reconocer una injusticia y denunciarla se vive como amenaza que paraliza.

—**La anemia.** Es una muestra de carencia de alegría e interés por la vida. Es falso miedo, en vez de alegría. Se siente como si no se fuera merecedor de la felicidad.

—**Impotencia sexual.** Refleja falta de confianza en la vida.

—**Exceso de peso.** Manifiesta emociones reprimidas e inseguridad y rechazo por uno mismo. Miedo a perder algo o a alguien.

Éstas son unas cuantas dolencias que se originan como somatizaciones de emociones. Pero las enfermedades de alto riesgo también pueden tener su origen en disfunciones emocionales, según los estudios de la doctora Azancot:

—**Cardiopatías.** Se originan por el cruce de falsa rabia en vez de tristeza, y falsa tristeza en lugar de rabia. Imaginemos que una persona es despedida de su trabajo (pérdida = tristeza), pero expresa ira y rabia resentida. A la vez, descubre que su amigo le ha traicionado (traición = rabia), pero siente tristeza depresiva y resignada. Se calla cuando tiene que reaccionar y se enfurece buscando culpables cuando tiene que pararse a encontrar la solución a algo que le preocupa.

—**Neuropatías.** Se producen por el cruce de falso miedo en vez de rabia, y falsa rabia en vez de miedo. Supongamos que una persona es insultada y ofendida (injusticia = rabia), pero sufre de un miedo cobarde que le impide defenderse y reactivarse. Por otro lado, intuye que su jefe puede suponer una amenaza, pues le impide acceder a un puesto superior (amenaza = miedo) y manifiesta rabia histérica contra él. Se enfrenta como un loco a la amenaza, mientras que cuando debe reactivarse siente un miedo cobarde que le impide pasar a la acción.

—**Cáncer.** El origen emocional ocurre por el cruce de falso amor en vez de rabia, y falsa rabia en vez de amor. Una mujer es engañada y despreciada por su marido (engaño = rabia), pero ella siente amor venerador hacia el maltratador: el síndrome de Estocolmo. En cambio, con los amigos que la ayudan y apoyan, que tratan de hacerle ver la verdad (espacio seguro = amor), se enfurece porque tratan de poner en duda a su verdugo. Se enfrenta al bueno por defender al malo.

Lo relevante de todo esto es la facultad de querer saber: el *autoconocimiento* como medida para encontrar nuestros fallos y dejar de buscar defectos en los demás. Sólo así sabremos por qué nos pasa lo que nos pasa. El no querer tomar conciencia ni analizar si nuestros comportamientos son incorrectos impedirá poner fin a las somatizaciones. Seguiremos culpando a la comida, al aire acondicionado, al polen o a la mala suerte, de todo lo que nos pase, cuando a través del uso correcto de las emociones podemos recuperar nuestro equilibrio natural.

LA BUENA RABIA

La rabia auténtica es la que nos permite reaccionar ante cualquier injusticia que aparezca en nuestra vida. Es una emoción que nos vitamina y nos permite estar sanos. Cuando expresamos la rabia de una manera adecuada nos encontramos bien, nos sentimos vivos, disfrutamos de la sensación de haber hecho lo correcto, encontramos nuestro lugar, experimentando que dirigimos nuestra vida. Tuve una alumna a la que le costaba expresar rabia. Un día se presentó en el curso comentando: «Ayer denuncié una injusticia y me siento de maravilla. Entré en una tienda y la encargada no me hizo caso, ni levantó la vista. Le pregunté si había más tallas de una prenda que me gustaba y me contestó que lo mirara yo. Le pregunté por el precio y me dijo que lo buscara, que en algún lugar de la prenda tenía que estar. Como no me pareció justo el trato que recibí le dije: "Luego te quejarás de la crisis, pero si te comportas así con todo el mundo no me extraña que no vendas nada". Y me fui encontrándome fenomenal».

La rabia nos aporta un gran caudal de energía. Las personas

que son capaces de enfrentarse a las injusticias se benefician de la secreción de endorfinas, por eso, cuando se expresa la rabia auténtica uno se encuentra en la gloria.

Unos padres, alumnos de la escuela emocional, tras el seminario de rabia, me contaron que su hijo, siempre tímido y apocado, tuvo un episodio de rabia auténtica en el colegio. Un compañero de edad superior se empezó a meter con un amigo de su clase, y él (que ya había estudiado el capítulo de rabia con nosotras) reaccionó de inmediato intentando poner freno a la discusión. Al no conseguirlo, se enfrentó al compañero mayor y se enzarzaron en una pelea. Luego se lo contó a sus padres, que se quedaron muy sorprendidos, aunque a la vez contentos, de ver que su hijo no aceptaba las injusticias. Reaccionó bien, aunque no debería haber llegado al enfrentamiento físico. Lo importante en este caso es que el niño respondió, no se quedó callado ni acobardado, lo que le hubiera llevado a sentirse culpable e inseguro. La reacción del colegio no fue tan buena. Los padres tuvieron que ir a explicar la *riña* de su hijo. Pero ellos también actuaron bien y valoraron la actitud de su hijo porque tenía una finalidad justa. Defendieron a su hijo ante la directora y se mostraron orgullosos de él, así el niño comprendió que sus padres lo entendían y lo apoyaban. Se sintió querido y protegido.

DE UN VISTAZO

Si te encuentras en una situación en la que sientes rabia, comprueba si estás sufriendo una traición, si alguien te está manipulando a ti o a tus seres queridos, si alguien te miente o engaña, si pretenden someterte, anularte, minusvalorarte. Si es así, adelante, reacciona, ponte en tu lugar, sé justo contigo. No necesitas gritar, ni enfadarte, ni insultar. Pero si no estás experimentando ninguna de las situaciones anteriores, asume que tu rabia no es auténtica y reconoce que estás recurriendo a una emoción falsa para compensar, bien sea una amenaza a la que no te atreves a poner límites, llevándote al histerismo, o una pérdida de la que no te quieres responsabilizar y prefieres echar balones fuera, o una envidia por no querer ponerte las pilas y atreverte a lograr lo que realmente deseas.

Sólo podrás conseguir que haya justicia en tu vida y en tu familia a través de la manifestación correcta de la rabia. Sabrás imponer valores adecuados y justos, aportarás los principios sobre los que basar tu existencia. Nos quejamos de que vivimos en una sociedad sin valores, sentimos que vamos perdiendo lo esencial y tememos convertirnos en robots. ¿Qué haces tú en tu hogar? ¿Enseñas, a través del ejemplo, un sistema de principios para que tus hijos crezcan libres de miedos, de culpas, de maniobras? Rescata esos valores y principios que siempre sentiste que formaban parte de tu vida y atrévete a vivir en consecuencia con ellos. Eso te vitalizará. De lo contrario, te invadirán la frustración, la negatividad y la resignación.

Actúa ahora, asimila que eres capaz de hacerlo, toma la decisión y adelante. Ninguna enseñanza te beneficiará si lo dejas para más tarde o mañana.

TEN EN CUENTA...

El miedo, es muy útil para detectar las amenazas y ponernos a salvo de los peligros que nos puedan asediar. No sentir miedo equivale a permitir invasiones, aunque luego nos quejemos de los demás por nuestra pasividad a la hora de poner límites. Sentir miedo falso nos conduce al bloqueo y a la impotencia.

Amenaza >>>>> miedo >>>>>> seguridad
Amenaza >>>>> no miedo >>>>> te invaden
No amenaza >>>> miedo >>>>>> bloqueo

La tristeza sirve para prevenir o percibir las pérdidas y encontrar soluciones que la compensen a partir del pensamiento y la reflexión. No sentir tristeza supone no responsabilizarse de los propios actos, culpar a los demás, culminando en el no aprendizaje. La falsa tristeza se caracteriza por la negatividad, el sentimiento de culpa y la anticipación de problemas.

Pérdida >>>>> tristeza >>>>>> desarrollo

Pérdida >>>>> no tristeza >>>>> no solución de problemas

No pérdida >>>> tristeza >>>>>>> negatividad y culpa

La rabia nos vitaliza y empuja a reaccionar para ser ecuánimes y no dejarnos manipular. No expresar rabia acarrea falta de energía y de vitalidad. Manifestar falsa rabia nos convierte en airados, rencorosos y agresivos.

Manipulación >>>> rabia >>>>> justicia

Manipulación >>>>no rabia >>>> falta de energía y vitalidad

No manipulación >>>> rabia >>>>> ira, rencor, violencia

Quiero hacer énfasis en algo que nos sucede a menudo y repetimos en cantidad de situaciones diferentes. Con el miedo nos cerramos para que no nos invadan. Si no hemos visto el peligro o no hemos querido defendernos de una amenaza por no atrevernos a poner límites, antes o después sufriremos algún tipo de pérdida. Entonces contamos con la tristeza, tomando, gracias a ella, conciencia de lo que pasa, pensaremos, encontraremos una solución y tomaremos la decisión de llevarla a cabo. Pero si tras la decisión no llegamos a la rabia que nos active a pasar a la acción, nos quedaremos en la tristeza del conformismo y la resignación. La tristeza (falsa) nos empujará a pensar y a tomar responsabilidad sobre la situación, pero como no hay nada de lo que inculparse, nos quedaremos dando vueltas a la cabeza sin parar hasta casi enloquecer. Seguiremos buscando salidas, que si no enfrentamos con la rabia, nos volverá al miedo (falso) paralizante, surgiendo nuestras creencias: miedo al qué dirán, al ridículo, al rechazo, a ser juzgado… Como en el falso miedo no podemos estar eternamente, volveremos a la falsa tristeza y a seguir dando vueltas como locos sintiéndonos culpables (aunque no sepamos de qué). Y si seguimos sin pasar a la acción, volveremos de nuevo al miedo que inmovilizará y limitará nuestros actos.

Seguro que estás imaginando la cantidad de energía que se desgasta en este proceso. Trata de recordarlo siempre que actúes de esa manera.

Acumulación de energía:
miedo >>>>>> tristeza >>>>> rabia

Desgaste de energía:
miedo >>>>> tristeza >>>>> miedo >>>>> tristeza

Debes coger el toro por los cuernos y ponerte en marcha. Cuando tomes una decisión, ejecútala con valor. Eres la única persona que puede tomar directrices sobre su vida, no dejes que recaiga sobre otros. Tu responsabilidad comienza contigo mismo y con tu ser. Modifica tus hábitos. Trátate con respeto, sé honesto contigo, no toleres los abusos, no te tragues las mentiras. Reacciona, tienes ese poder interior y tu obligación es usarlo. Son dones maravillosos que nos permiten alcanzar la libertad y la felicidad. No te amputes a ti mismo, porque si esas capacidades están en ti, son para que las uses por pleno derecho. **No permitas que nadie te dañe, pero sobre todo, no te dañes a ti mismo**.

Cuando ejecutes los pasos anteriores correctamente y seas implacable con las injusticias y manipulaciones, notarás el legítimo orgullo hacia ti mismo, por saber cuidar y respetar tu ser.

10. EL ORGULLO

«Empecé a comprender que las promesas del mundo son, en su mayor parte, vanos fantasmas, y que lo mejor y más seguro es tener fe en uno mismo y convertirse en algo valioso.»

MIGUEL ÁNGEL

¿Por qué nos cuesta tanto expresar nuestro orgullo como seres humanos? La palabra «orgullo» ha ido perdiendo poco a poco su significado real para convertirse en sinónimo de prepotencia, soberbia o arrogancia. Hay personas a las que esta simple palabra les suena pedante, pero hay que destacar que es la única emoción que nos diferencia de los animales superiores. Quien tenga un perro puede observar que siente miedo ante las amenazas y se defiende de ellas. Tristeza ante la pérdida de su amo, por ejemplo; cómo se enfrenta con rabia y reacciona si se le agrede; cómo siente amor por sus amos y cómo te recibe con alegría moviendo su rabito cuando llegas a casa. La única emoción que no comparten con los humanos es el orgullo.

El orgullo es lo que nos permite crecer, transformar, inventar, descubrir. Nos aporta la capacidad de crear y de expresarnos a través de la imaginación. Nos permite ser nosotros mismos con autenticidad, diferenciándonos los unos de los otros.

La palabra clave es «admiración». No es orgullo auténtico sino falso todo aquello que no se corresponda con un sentimiento sublime ante una superación personal, descubrimiento, creación o innovación propia o ajena. Por eso, la prepotencia, el narcisismo, el sentimiento de superioridad y, en general, todo lo que implique deseos de poder o de control sobre otro, son expresiones de falso orgullo. Todos somos iguales, todos compartimos las mismas emociones cuando nacemos. Nadie tiene derecho a sentirse superior ni a someter a otro. Eso oculta una gran inseguridad que se compensa poniéndose por encima de otro, tratando de dominar e intimidar para sentirse más poderoso.

Si alguien nos supera en algo, porque realiza las cosas mejor que nosotros o ha conseguido liberarse de sus cadenas y salir reforzado, debemos sentir admiración. Acabaríamos con las envidias (falsa rabia, en vez de orgullo sano) porque asumiríamos que todos tenemos en nuestra naturaleza la capacidad de llegar a ser lo que realmente deseamos y que para ello no necesitamos ni competir con otros ni arrebatar a nadie lo que es suyo. Sería el modo de dejar de coartar a los demás por las grandezas que tienen y empezar a manifestar nuestro auténtico ser a plena potencia.

FINALIDAD DEL ORGULLO

El orgullo nos aporta la capacidad de transformar y de innovar, convirtiéndonos en creadores. Todos llevamos un creador dentro, pero tan sólo si estamos en contacto con nuestro ser, cuando nos quitamos las máscaras, es cuando nos mostramos auténticos y nos convertimos en quienes realmente somos. Ocurre que, con tantas «capas de cebolla» que vamos acumulando y que condicionan nuestra vida, ser uno mismo se hace muy cuesta arriba.

La finalidad del orgullo es el reconocimiento, un término que también lleva a error. El verdadero estatus no es tener el mejor coche, ni esquiar en las pistas más exclusivas, ni llevar a los hijos a los colegios más caros. Esto es lo que llamamos estatus social, recurrimos a él porque nos encanta medirnos y competir. De esa rivalidad es de la que aprenden los niños que acaban trasladándola a sus asuntos infantiles: a ver quién tiene un móvil de última generación, el último soporte tecnológico... Esto nos crea mucha insatisfacción porque siempre habrá alguien que tenga más dinero que tú, que sea más inteligente que tú o más rápido que tú. El auténtico estatus es el personal, el que proviene de tu ser. Consiste en medirte tan sólo contigo mismo, sin que importen los demás. En tu relación contigo, ¿estás orgulloso de ti como ser humano?, ¿has crecido como persona?, ¿has luchado contra tus falsos miedos para garantizar seguridad a tu entorno?, ¿te sientes orgulloso de tu papel como padre o como madre?, ¿intentas analizar tus emociones para conocerte mejor y ofrecer lo mejor de ti a los demás? El problema radica en nuestro ego, que nos empuja a ir en pos del dinero, del prestigio, de la popularidad y del control. Por ese camino perdemos de vista el propósito de nuestra existencia. Planificar es bueno, controlar no.

¿CÓMO ALCANZAR EL RECONOCIMIENTO?

Sólo alcanzaremos el verdadero estatus si asumimos nuestra capacidad de crear, de imaginar, de crecer, de transformarnos, de descubrir, de decidir y de declararlo con valentía. Para obtenerlo precisamos de la emoción orgullo.

Todos somos creadores y genios en potencia. El hecho de que tú no te consideres capaz de ello porque de pequeño te han llevado a suponer que para eso no vales, que es muy difícil, que no lo conseguirás, no quiere decir que no hayas nacido con ese potencial. Quizá tú lo hayas desperdiciado, pero tus hijos merecen una oportunidad.

> «Todo el mundo es un genio al nacer, pero el proceso de la vida nos desgenializa.»
>
> BUCKMINSTER FULLER

Muchos pensamos que no somos ocurrentes ni ingeniosos, aunque admiremos ese talento en otros. Cuando somos capaces de afrontar nuestras inseguridades, «Si otros pueden, ¿por qué no voy a poder yo?», comprobamos que está al alcance de todos conseguirlo. Si lo piensas, incluso al cambiar los muebles de sitio estamos creando, siempre que transformemos algo lo estamos haciendo y eso es posible gracias a que podemos imaginar. Para que algo exista, primero debemos imaginarlo, eso nos otorga un gran poder porque parte de nuestra voluntad consciente. Si no ideáramos algo antes en nuestro cerebro, no podríamos modificar, ni crear ni crecer. Además, el crecimiento implica una transformación. Cuando creces ya no eres el mismo de antes, porque una vez que abres los ojos y ves la realidad, tu realidad, ya no puedes volver a vendártelos para no ver. Ya tienes que seguir adelante, cada vez más libre de miedos y culpas. Si observas que eres competitivo, que estás convirtiendo a tu hijo en una persona insegura y con miedo al fracaso, como te pasó a ti, dejarás de hacerlo. Y en eso consiste el crecimiento, en la voluntad de querer ver lo que hay en ti y transformarte en lo que de verdad te gustaría ser.

El orgullo también nos permite descubrir nuevos caminos, nuevas posibilidades, nuevos horizontes donde elegir y decidir. Al estar en contacto con tu ser, con tu yo interior, las decisiones serán más fáciles evitando las dudas. Una persona indecisa, que vacila sin saber la ropa que ponerse o el coche que comprar, deberá reforzar su orgullo. Podremos convertirnos en personas valientes dispuestas a declarar con entereza nuestros logros, nuestras superaciones, nuestra valía como seres humanos evitando la comparación con los demás. Cuando los padres ponen modelos a sus hijos, o se colocan ellos mismos como referencia que seguir, están aniquilando su «yo». Son los hijos, a través de sus capacidades, los que deben elegir y decidir cómo desean crear su vida. De lo contrario, perderán el respeto, la admiración y el amor hacia sus padres.

SITUACIÓN	>>> ADMIRACIÓN		
EMOCIÓN	>>> ORGULLO		
FINALIDAD	>>> ESTATUS	>>	TRANSFORMAR
			CREAR Y CRECER
			IMAGINAR
			DESCUBRIR
			ELEGIR Y DECIDIR
			DECLARAR

ESTOY ORGULLOSO DE TI

De pequeña sentía una admiración increíble hacia mi padre. Él lo conseguía todo, era el mejor, lo idolatraba. Toda mi vida quise que se sintiera orgulloso de mí. Era mi único objetivo. Por eso siempre hice lo que él deseaba, para oír esas palabras: «Estoy orgulloso de ti». Pero nunca las decía. Recuerdo comentar a mi madre: «Papá no está orgulloso de mí». Y ella, con cariño, me contestaba: «¡Claro que lo está! Siempre presume de su hija ante sus amigos». Pero yo necesitaba oírlo de su boca. Así estudié una carrera que no elegí, trabajé y me esforcé por ser independiente, por ganar dinero, por tener éxito, por alcanzar una posición social. Todo lo hice por escuchar esas palabras que nunca llegaban. Hasta que me rendí. Era imposible que mi padre estuviera orgulloso de mí. Cuando decidí dejar mi carrera profesional, confieso que lo más difícil fue comunicárselo. Él no opinó, pero noté cierta decepción en sus ojos. En cualquier caso, hiciera lo que hiciese no se iba a sentir orgulloso de mí, así que decidí empezar a vivir la vida que realmente me apetecía. Estudié el comportamiento humano, que siempre fue mi pasión, y un día, siendo ya docente, en una comida familiar me preguntó: «Cariño, exactamente esos cursos que impartes, ¿en qué consisten?». Fue la primera vez que lo vi abierto a conocer mi nuevo rumbo. Y se lo expliqué. Estuvo muy interesado y mantuvimos una encantadora conversación. Esa misma noche, me llamó por teléfono y me dijo: «Cariño, estoy muy orgulloso de ti». ¡Por fin! ¡Lo había dicho!: «Estoy muy or-gu-llo-so de ti». Y lo más importante es cuándo lo dijo. No fue cuando yo hacía exactamente lo que él quería para ganar méritos y así su cariño. Lo afirmó cuando yo me sentía segura de mí, de la decisión que había tomado, de mi nuevo camino... lo dijo cuando estaba viviendo como siempre deseé y era feliz por ello.

¿Vas a esperar a que tus hijos o sobrinos tengan cuarenta y cinco años para proclamar lo orgulloso que estás de ellos? No imaginas el valor que tienen esas palabras. Exprésalo todos los días, cada vez que superen algo que antes no podían realizar (saltar más alto, subirse a un columpio, dibujar con colores, escribir con mejor caligrafía). Transmíteles la confianza que necesitan. Los hijos sufren mucho si no reciben el reconocimiento de sus padres. Por eso diles: «Estoy muy orgulloso de ti». Asistirás a una auténtica transformación. Si un hijo no percibe que sus padres están orgullosos de él empezará a compararse, a competir. Acabará poniéndose una máscara y actuando con una personalidad que no es la suya, para ser querido, para oír esas palabras que tanto necesita. ¡Díselo! Y, muy importante, afírmaselo también a tu pareja.

¡PUEDES HACERLO!

Hay una anécdota en la vida de Einstein:

Un día, dos amigos de cinco y siete años deciden ir a patinar a un lago helado. La mañana es fría pero soleada, y el hielo, frágil. Mientras patinan se abre una brecha en el hielo, y el amigo mayor cae al agua. El pequeño no lo piensa dos veces: se quita los patines y, haciendo un esfuerzo sobrehumano, consigue sacar a su amigo del hielo.

La policía y los bomberos habían llegado, y estaban atónitos ante lo que veían sus ojos.

—¡Es imposible que un niño tan pequeño pueda tener tanta fuerza como para sacar del agua a alguien de mayor peso y, además, mojado!

—¿Cómo habrá podido hacerlo? —se preguntaban sorprendidos.

Einstein, que paseaba por allí, se acercó al grupo y dijo:
—Yo sé cómo lo ha hecho.
—¿Cómo...? —quisieron saber.
—Es fácil: ¡nadie le había dicho que no pudiera hacerlo!

Todos podemos conseguir nuestros objetivos. Si utilizamos las emociones correctamente, y la energía que se obtiene de ellas, no tendremos ningún impedimento. **Los obstáculos y limitaciones los creamos nosotros por pensar que no somos capaces.** Reitero que hemos recibido demasiados mensajes negativos en la infancia. Nos resignamos a una vida llena de carencias que en el fondo nos imponemos. Debemos obligarnos al mensaje contrario: «Sí puedo, valgo para todo lo que me proponga». El orgullo es el que nos aporta esa fuerza y coraje que nos conduce a la superación.

Todo comienza en la infancia. Los padres, para que sus hijos se ajusten a lo socialmente aceptado y no se sientan rechazados, los enseñan a defenderse de sí mismos, en lugar de valorarlos y apoyarlos por sus diferencias y por su autenticidad. Nos atemoriza que los niños sean sensibles, auténticos, espontáneos. Que sean limpios y puros: ¿qué será de ellos en un mundo tan cruel? Así, se les orienta a imitar a los demás, a no destacar del montón, a seguir el ejemplo de otros, a copiar. El niño no se sentirá seguro cuando se manifieste en autenticidad. Se medirá con los demás para que lo aprueben e imitará la forma hipócrita en que la sociedad se comporta.

Si tu hijo está dibujando con su originalidad, no le corrijas. Al final, todos los niños dibujan igual porque les castramos su creatividad. Prefieren imitar antes que crear, y así crecemos pensando que la creatividad, los descubrimientos y las innovaciones son cosa de otros que a nosotros no nos pertenecen. Ya lo decía Jung: «Todos nacemos originales y morimos copias».

DISFUNCIONES DEL ORGULLO

1. La prepotencia

El prepotente no pretende la seguridad, sino mostrar que es superior a los demás. Con su arrogancia trata de débiles e inferiores a los demás. Siente un falso orgullo, no miedo, ante una amenaza o peligro. Nunca crecerá, ni aprenderá por falta de humildad.

Prepotencia = *Falso orgullo, en vez de miedo.*

2. La pedantería

Si sufres una pérdida, en vez de acudir a la tristeza para pausar y encontrar soluciones inteligentes que la reparen, utilizas esa ocasión para ponerte de protagonista y mostrar tus maravillosas dotes. No reflexionas ni asumes que hay un problema que resolver, tan sólo aprovechas la ocasión para lucirte.

Pedantería = *Falso orgullo, en vez de tristeza auténtica.*

3. La adulación

Cuando te vuelves esclavo de los abusadores acabas siendo un *pelota*. Alguien te pide dinero para un buen propósito y luego te enteras de que lo ha usado para dar una fiesta y ni te ha invitado. En lugar de molestarte por el engaño, te sientes privilegiado porque el dinero te lo haya pedido a ti. Eres tan importante...

Adulación = *Falso orgullo, en vez de rabia auténtica.*

Sustituir rabia por orgullo, y orgullo por rabia, crea el patrón emocional para padecer enfermedades óseas.

4. El sentimiento de superioridad

Te sientes por encima de los demás. No somos iguales, tú eres más importante y haces mejor las cosas. No te puedes relacionar con cualquiera, los demás deben reverenciarte y acercarse a ti.

Sentimiento de superioridad = *Falso orgullo, en vez de amor.*

5. La idolatría

Estás relajado con una persona a la que admiras y, en vez de alegrarte y disfrutar, le veneras arrodillándote ante ella. Tú te reduces. A ella la ensalzas sin venir al caso y sin que lo demande.

Idolatría = *Falso orgullo, en vez de alegría auténtica.*

Cuando la persona se aúpa por encima de los demás, les enjuicia tachándoles de inferiores. No se debe juzgar a las personas, sino sus actos. Enjuiciar nos condena a querer tener siempre razón y a no mejorar ni aprender ni crecer.

FALSAS CREENCIAS

Para conseguir que todos seamos diferentes unos de otros, originales y exclusivos, debemos empezar a descartar todas las falsas afirmaciones que hasta ahora hemos aceptado como válidas, y suprimir las mentiras que nos bloquean e impiden brillar a nuestro interior. ¿Qué falsas creencias sobre ti mismo debes erradicar para conseguir lo que de verdad te gustaría? Reflexiona tu lista, tómate tu tiempo, pero no te dejes nada. Aporto algunos ejemplos que suelen paralizar y bloquear:

Tanto tienes, tanto vales.
El qué dirán.
Amar y entregarse es de tontos.
Si te separas vas a estar solo.

No ser capaz de hablar en público.
Los amigos están conmigo por el interés.
Nadie me entiende.

Todo lo que debería producir orgullo nos ocasiona una especie de fobia, como si lo grande, lo elevado, fuera inviable para nosotros. Por eso nos paralizamos ante el miedo a la soledad, a no hacer lo que impone la masa, a no gustar, a ser diferentes, a que te rechacen. Son palabras de Goethe: «La vida es corta, no la hagamos también pequeña». Hay que analizar esas creencias limitadoras y reemplazarlas por indudable fe en el éxito de nuestras metas. Las dudas son las que diluyen las posibilidades de éxito. Deberíamos sentir rabia por esas mentiras que hemos incorporado (rabia por las mentiras, no por las personas) y expulsarlas para acceder a nuestro orgullo. Cada vez te sentirás más seguro sin que nada ni nadie te frene porque empezarás a ser tú mismo.

Cuando quiero desalojar una mentira que me ha cercenado durante mucho tiempo, tomo un cojín y me descargo con él. No puedo responsabilizar a nadie. Me vendieron que la vida era así, pero yo lo compré, no supe luchar por conservar lo mío, por lo tanto no puedo culpar a nadie. Tan sólo yo soy responsable de no enfrentarme contra las limitaciones impuestas y aceptarlas sin más.

LOS QUE SIEMPRE QUIEREN TENER RAZÓN

Nunca dan su brazo a torcer. En su delirio tienen la certeza de estar siempre en lo cierto, de saber más que nadie, de no cometer jamás un error. Prefieren que se estropee cualquier cosa (un viaje, una compra, un buen plan, incluso una relación) con tal de defender su posición. ¿No te parece que si siempre tienes razón es que ya lo sabes todo? ¿Que ya no te queda nada por aprender? ¿No será que en el fondo es que no quieres crecer? Ya sabemos que quien no aprende no crece y se marchita como las plantas. Si tu objetivo es cultivarte como persona, deja de imponer tus ideas como verdades absolutas sobre los demás, deja de tachar de incompetentes a los demás para sentirte superior. Deja de competir por el poder y el control sobre otros. ¿No te das cuenta de que eso oculta un gran sentimiento de inferioridad? Lo que importa eres tú mismo. **¿Qué prefieres, ser feliz o tener siempre razón?**

¿SABES PERDONARTE?

La madre de una muy querida amiga es una persona llena de creatividad (diseña ropa, hace bisutería, restaura muebles), bondad y dulzura. Nunca hace nada para ella, todo para los demás, como si no valiera nada y los demás tuvieran derecho a disponer de su tiempo y de su vida. Lleva años padeciendo serios episodios de depresión y continuas dolencias. Aun así, entre hospital y hospital, siempre tiene una sonrisa, saca fuerzas de flaqueza. Un día le dije:

—Candela, debes pedirte perdón.

—¿Pedirme perdón? ¿De qué? ¿Por qué?

—Por entregarte en cuerpo y alma a quien no lo merecía sin recibir jamás ni las gracias, sufriendo decepción tras decepción. Por haberte dejado consumir por el falso miedo que te ha impedido ser tú misma una verdadera artista y quedarte inmovilizada por el temor al fracaso, por el miedo a no estar a la altura, sintiéndote inferior. Por haber anticipado la tristeza de creer que has perdido tu energía y llevar durante años una muerte en vida sintiéndote culpable por ello. Por no haberte atrevido a enfrentarte a tantas mentiras y manipulaciones, y finalizar, sobreviviendo frustrada y resignada, una existencia que no mereces. En definitiva: *por no creer en ti misma.*

Todos deberíamos hacer ese ejercicio de perdón por los errores del pasado. Todos tenemos un Niño Interior, como decía el psiquiatra Carl Jung, al que no hemos escuchado y hemos menospreciado en muchas ocasiones. Ese Niño Interior, eres tú. Acariciale, abrázale, pídele perdón por haberle abandonado, por no haberle cuidado ni protegido anteponiendo los intereses de los demás. Prométele que no le vas a fallar más. Es muy importante congraciarse con él. Nadie podrá creer en ti si tú no lo haces. No dejes a los demás esa responsabilidad. Valórate, busca todo lo bueno y especial que tienes. Confía en ti, acéptate y apóyate tal como eres. No busques la perfección, no existe. Maravíllate por lo que eres, no por lo que tienes. Solemos pensar que la clave de todo es «hacer» para así «tener» y luego «ser». Pero sólo alcanzaremos nuestro estatus como seres humanos si buscamos el *ser* para después *hacer* en coherencia con ese ser, lo que dará lugar al *tener*. Desde ahí sí conseguirás el éxito que buscabas. Si asociamos lo que *somos* con lo que *tenemos*, y lo que *tenemos* con lo que *valemos*, basaremos nuestra autoestima en el poder, la riqueza material o la belleza. Sólo en el exterior. Cuando sólo nos valoramos por las cosas materiales que vamos acumulando nos convertimos en candidatos perfectos para la manipulación. Temes tanto perder eso que consideras que eres tú (es tuyo, pero no eres tú) que te vendes para no perder esa «posición» material. Siempre serás víctima de algo o de alguien y nunca podrás vivir en libertad. Si te valoras por lo que eres, por tu ser único y diferente, ya no tendrás que competir, no tendrás nada que perder porque eso sí es tuyo. Eres tú.

> «El mayor peligro para la mayoría de nosotros no radica en tener un objetivo demasiado elevado y no alcanzarlo, sino en que sea demasiado bajo y lo alcancemos.»
>
> MIGUEL ÁNGEL

Si aprendes a perdonarte por no haber sabido ser tú mismo, por haber preferido reputar a los demás y no a ti, por haber sido envidioso y cobarde en muchas ocasiones, también podrás perdonar a otros, porque les entenderás. Serás compasivo poniéndote en su lugar. Perdonando es como se llega a la total reconciliación.

En este capítulo debemos atender el tema de la vergüenza. A veces los alumnos me preguntan: «¿Es bueno o es malo avergonzarse?». No hay peor ciego que el que no quiere ver. Y quien no se avergüenza es porque no quiere ver. Nunca mejorará, ni evolucionará, ni se desarrollará. El arrepentimiento surge de la vergüenza. Cuando haces algo que va en contra de tu dignidad y te avergüenzas de ello, si tu arrepentimiento es sincero ya has cambiado. Has crecido porque ya no lo repites. Será un error menos que cometerás en el futuro. Por eso, es un sentimiento que parte del orgullo auténtico de tu ser, que te empuja a transformarte en alguien mejor. Sin culpabilizarse ni enjuiciarse. Aquí nadie te va a sentenciar diciéndote: «No eres perfecto».

ORGULLO AUTÉNTICO

¿Qué es lo que te encantaría hacer y nunca te lanzaste a ello? ¿Qué admiras tanto en otros y tú te consideras incapaz? Por ejemplo, jamás imaginé que fuera competente para escribir un libro. Además, siempre me costó mucho redactar, nunca se me ocurre nada especial que contar. En mi pensamiento quedaba lejana la posibilidad de crear algo. Los cursos de desarrollo personal que imparto me llenan de satisfacción al ver cómo las personas se conocen cada vez mejor y cómo van creciendo. Me enorgullezco por ello. Un buen día, pensé: «Si pudiera reflejar estas experiencias en un libro, podrían beneficiarse muchas más personas, no tan sólo pequeños grupos reducidos que tienen que acudir a un lugar, con unos horarios, etc.». Esa primera idea me gustó, pero ¿cómo iba a hacerlo si nunca había escrito más de diez líneas seguidas? ¿No sería una osadía por mi parte?

Empecé a hacer una lista de todos mis miedos: «No me creo capacitada; hay personas más preparadas; de dónde me van a surgir las ideas; y qué sucede si a nadie le interesa lo que escribo. ¿Y si fracaso antes de empezar?». Hasta que me dije: «¡Basta!, si realmente siento que es algo beneficioso, que puede contribuir y ayudar, debo intentarlo». Asumí mis inseguridades porque había algo superior que me motivaba. El hecho de atreverme a escribir este libro ya me ha hecho crecer, porque he limpiado emociones falsas que me impedían hacer algo que me atraía, porque he eliminado obstáculos que me imponía a mí misma. El orgullo es lo único que nos permite acceder a otro estado hasta entonces desconocido por nosotros. No me he encorsetado. He imaginado, he elegido y he decidido crear, crecer y compartir mis experiencias.

Tú también puedes, no hay límites ni obstáculos. Son excusas que afloran por no haber recibido los mensajes adecuados en la infancia. El orgullo nos dignifica, nos vincula con nuestro mundo artístico, pero si no se expone, si se queda dentro sin expresar, minará nuestra personalidad.

DE UN VISTAZO

El orgullo es la emoción que nos enlaza con nuestro ser interior. El lugar donde nadie puede entrar ni profanar, porque eres tú. Parte de la admiración por ti mismo y por los demás, por todo lo grande y elevado que tienen. El orgullo sano nos hace ser ante todo humildes, pues asumimos que somos pequeños e insignificantes con una limitada capacidad creadora. Lo importante es que seamos conscientes de que disponemos del potencial necesario para llegar a ser lo que deseamos, y que no necesitamos envidiar, ni competir, ni controlar, ni someter a otros para hacernos los importantes, ni quitar a los demás lo que a base de esfuerzo han conseguido. Ése es el mensaje que debes trasladar a tus hijos. Cree en ellos sin dudar, manifiéstales tu orgullo por tenerles, por cualquier pequeña cosa que consigan por sí mismos, ayúdales a crecer sabiendo que no hay límites a lo que quieran alcanzar. Que imaginen, que inventen, que descubran. Siéntete orgulloso de ser padre. Compártelo también con tus compañeros de trabajo, con tus jefes, con tus empleados, con tu pareja.

«Cuando a una persona se la reconoce, crece.»

Saturnino de la Torre
(catedrático)

11. EL AMOR

«¿La belleza del alma? Que el exterior y el interior estén en armonía.»

SÓCRATES

Sabemos que no podemos vivir sin amor porque es el motor que mueve nuestras vidas. Sin embargo, no lo expresamos tanto como quisiéramos. Hay personas deseando darlo y compartirlo, pero no encuentran con quien hacerlo y van consumiéndose como una vela. Otras, en cambio, hacen lo posible por no manifestarlo. Tratando de no mostrar sus sentimientos, fingen ser duros y fuertes para convertirse en personas insensibles que pueden llegar hasta perder el sentido que tiene la vida.

El amor es la facultad de crear y crearse un *espacio seguro* donde cada cual pueda ser uno mismo, lo que nació para ser. Cuando te encuentras en un territorio donde nadie te juzga ni critica, donde no tienes que aparentar lo que no eres... ése es un espacio seguro. Alguien te lo está brindando y requiere como contraprestación la emoción amor. En ese lugar no hay cabida para los celos, las envidias, los reproches, todo eso son maniobras que inducirán a la rabia, pues nos acaban manipulando. El amor es un proceso recíproco de querer y ser querido.

El concepto clave es *espacio seguro*. No existe amor por imposición. Hay veces que parece obligado mostrar cariño porque alguien es de nuestra familia, pero si, por ejemplo, un hermano te avasalla, te condiciona o manipula, deberás notar miedo, tristeza o rabia, pero no cariño o ternura. La pregunta que nos debemos formular es: «¿Cuándo sentir amor?». Pues cuando te sientas en un *espacio seguro* y mientras dure ese momento. Responderemos al estímulo de amistad, ayuda, protección, cariño, apoyo y aliento.

Pero no es eterno. Debe ser actualizado, momento a momento. Te has enamorado de alguien con locura, pero vas descubriendo que esa persona no es lo que prometía. Trata de rebajarte, de hacerte sentir inferior, te acusa de sus males y te hace sentir culpable, ya no eres feliz. ¿Debes amar a esa persona sin condiciones y para siempre? La respuesta es que no. Ante todo, si te quieres a ti, sabrás protegerte de quien te empuja a convertirte en lo que no eres, por eso no debes nada a nadie eternamente. Será en función de si lo merece o no. Si no corresponde a un espacio seguro, ese amor será falso y nos convertirá en personas débiles y dependientes.

FINALIDAD DEL AMOR

El amor nos permite decir sí, posibilitando crear uniones, alianzas. Por eso, su finalidad es la *pertenencia*, es decir, quién queremos que forme parte de nuestro círculo, de modo que nos rodeemos de las personas que elijamos nosotros, por afinidades y por ser merecedores, no por imposición o porque esté bien visto o por interés. Es bueno querer conocer de qué personas nos rodeamos y si realmente nos sentimos en un espacio seguro a su lado. Que no nos hagan competir, ni nos sintamos inferiores ni superiores a ellos. Comprobaremos que nuestro círculo de pertenencia es muy reducido, pues tenemos muchos conocidos pero pocos amigos verdaderos. Son estos últimos los que deben formar parte de nuestro sistema de pertenencia.

¿CÓMO CREAR UN ENTORNO DE PERTENENCIA?

Para sentirnos en pertenencia deberemos ejercitar: entrega, compromiso, cumplimiento, motivación, ayuda *y* protección. Todo ello es posible si funcionamos acordes con el amor auténtico.

¿A qué debemos entregarnos? Nos resulta más fácil darnos a causas justas, a la familia, a los hijos, a los amigos, pero se nos olvida entregarnos a nosotros mismos por todo lo bueno y valioso que tenemos. La frase adecuada es «Ama a tu prójimo como a ti mismo», pero no «Ama a tu prójimo más que a ti mismo», porque lo difícil es quererse y apreciar lo bueno que cada uno tiene. Y aquí viene la cuestión: ¿si no sabemos querernos y proteger nuestras bondades, cómo lo vamos a hacer bien con los demás? Acabaríamos ayudando a quien no lo merece y seríamos víctimas de ellos. Por falta de amor a nosotros mismos, permitiríamos que nos usaran, nos manipularan, nos hicieran de menos. No puedes entregarte ni amar a otros, si primero no te quieres tú y te proteges de todo lo dañino que pueda circular a tu alrededor. Un árbol no puede estar sano y fuerte si no se alimenta por las raíces. Con nosotros pasa lo mismo, para fortalecernos debemos querernos desde dentro, desde la raíz. Al aceptarte y quererte como eres, podrás encontrar también lo bueno en los demás. Ante todo estás tú. Esto no es egoísmo, es protegerse para poder hacerlo con los seres queridos. No podemos olvidar la importancia de *comprometerse* y *cumplir.* Si tomas la decisión de empezar una dieta o ir a un gimnasio, debes implicarte y concluirla, si no, no pasarás de tener buenas intenciones. Cumple contigo primero y luego exige que te respondan.

«Comprometerse es dedicarse sin reservas.»

T. Harv Eker

La motivación es un punto imprescindible a la hora de crear pertenencia. El análisis transaccional nos habla de los «permisos parentales» y de su importancia a la hora de convertirnos en personas con éxito y triunfadoras. Si estimulas a tu hijo con mensajes como «Sé tú mismo, eres valioso; ánimo, lo conseguirás», su camino hacia el éxito será sencillo porque se sentirá capacitado para lograr lo que se proponga. Pero si le desanimas, «Esto no es para ti, siempre fracasas, dedícate a otra cosa», lo verá todo difícil y negativo, su vida será un esfuerzo continuo y nunca logrará ninguno de sus propósitos porque él mismo se pondrá trabas inconscientemente para no conseguirlos. Tal es el poder de esos mensajes en la infancia. Imagina un padre que le transmite a su hijo la idea de que la vida es muy difícil, que hay que trabajar duro, que nadie regala nada y que todo se consigue a base de esfuerzo. Ese niño, de mayor, vivirá abrumado, cargando con las responsabilidades de otros sin saber delegar y, por mucho empeño que ponga, siempre encontrará dificultades en su camino. Esas negaciones recibidas en la infancia provocarán que en la edad adulta todo se perciba como algo imposible de obtener, y él mismo se boicoteará. Considerará inalcanzable todo aquello que resulte bueno y fácil. Su propia mente atraerá problemas para seguir convencido de su falsa creencia: «La vida es muy difícil».

Si somos solidarios sabremos *ayudar* y *proteger*. Vivimos en un mundo rodeados de personas y vamos a necesitar colaboración. No sólo es importante dar apoyo a los demás, sino también pedirlo y saber recibirlo. Es una forma muy sana de saber en quién podemos confiar realmente, porque si ofrecemos la mano, cuando la necesitemos, ¿quién estará ahí? Por ello se hace necesario evaluar a las personas y las situaciones que nos rodean en su justa medida, de modo que evitemos decepciones o desengaños. Es bueno calibrar nuestro entorno y advertir si cumplen sus compromisos, o lo que quieren, sin embargo, es aprovecharse sacando partido de nuestra amistad.

SITUACIÓN >>> ESPACIO SEGURO
EMOCIÓN >>> AMOR
FINALIDAD >>> PERTENENCIA >> ENTREGA
COMPROMETERSE/
CUMPLIR
MOTIVAR
AYUDAR Y PROTEGER

Recuerdo el caso de una directiva que conocí hace años. Era una persona muy competente y luchadora, con gran sentido de pertenencia a la empresa en que trabajaba. Se dedicaba a la representación de artistas, dedicando día y noche a ejercer su profesión con entusiasmo. A pesar de ello, nunca recibió reconocimiento ni valoración, ni por su esfuerzo ni por los resultados que conseguía. Sus jefes más bien se proponían buscar pequeños fallos tratando de humillarla. Muchas veces creemos erróneamente que si felicitamos a las personas se vuelven presuntuosas, que es mejor ser exigente y no mostrar vulnerabilidad. Otras veces, sentimos una vergüenza absurda a hacer elogios. El caso es que su autovaloración se iba debilitando y pronto comenzaron las tensiones con sus superiores. Empezaron a darle de lado. Al sentirse reducida, algunos compañeros trataron de sacar provecho del árbol caído. Finalmente, fue despedida. En ese contexto su único apoyo fue su marido. La motivaba continuamente, alabando sus grandezas. Durante seis meses no cesó de encomiarla y de aplaudir sus méritos. Los mensajes fueron tan positivos y tan potentes que fortalecieron su orgullo y autoestima. «Nadie iba a poder con ella.» Fundó su propia agencia, empezando por los pocos que realmente la apreciaban, su fama de luchadora se extendió y consiguió un negocio próspero, rodeándose de afecto y cariño por parte de sus representados.

El amor, el cariño, la ternura... tienen su origen en la admiración. Quien no sabe admirar, no sabrá amar.

DAR, PEDIR Y RECIBIR

Ante la siguiente pregunta «¿Qué haces mejor, dar o pedir?», casi todos contestamos que dar. Estamos educados para ofrecer, porque demandar nos parece de egoístas o de débiles al demostrar tener necesidades. Para estar en equilibrio deberíamos dar y pedir en la misma proporción.

Una amiga pasaba una mala racha con su pareja, debido fundamentalmente a que ella misma estaba inmersa en una crisis personal. Esperaba que su compañero hubiera estado más cercano y le hubiera ofrecido más apoyo. Ella me manifestaba su desilusión y comentaba: «Si le hubiese pasado a él, yo estaría a su lado dándole todo lo que necesitara». Vamos a analizar esta situación bastante común: con pareja, amigos, compañeros de trabajo... Si estás acostumbrado sólo a dar, y nunca pides nada a cambio, porque esperas que el otro te dé, igual que lo haces tú (no vale decir que ofrecemos sin esperar nada en su lugar porque no es cierto), te creas expectativas esperando que, llegado el caso, la persona en cuestión esté ahí para ofrecerte sin tú demandarlo. Luego, cuando esa ayuda no llega y la expectativa se queda sin cubrir, sigues sin pedir, pero mentalmente tomas nota sintiéndote cada vez mas decepcionado porque esa persona «no está a la altura de las circunstancias». ¿Acaso le has hecho ver que necesitas ayuda? El otro no tiene una bola de cristal para adivinar lo que te pasa o qué necesitas. Si no demandas, no te crees horizontes y luego no culpes al otro por no haberte sabido dar lo que necesitabas.

Recuerdo un alumno que explicaba: «Yo nunca pido, pero creo que es por no invadir o molestar». Eso no es cierto, si siempre das, ¿cómo vas a pensar que si solicitas algo vas a molestar o importunar? Hay muchas personas que están esperando una oportunidad para regalarte, pero eres tú quien lo imposibilita. Entonces, ¿por qué no pedimos? Sencillamente, para demostrar que no necesitamos nada porque la palabra «necesitar» nos inspira debilidad ante los demás. Es una flaqueza que no deben descubrir, por eso ofrecemos, ensalzando que nuestras necesidades están cubiertas. Hay que tener mucho cuidado porque así nace la soberbia. Si yo sólo doy y nunca pido, acabo sintiéndome superior a los demás: «Yo no tengo necesidades, tú sí; tú me necesitas a mí, yo a ti no». Luego están las personas que toman el papel de víctimas, reclamando y agotando con sus problemas. Aquí hay que protegerse con el miedo auténtico, para acotar y decir «no», evitando los abusos. La cuestión es si estás dispuesto a recibir. Si no lo estás, difícilmente llegará nada de lo que necesites o desees, lo cual significa que definitivamente careces de autovaloración.

¿SABEMOS EXPRESAR NUESTRO AMOR?

Cuando un niño llora se le da un chupete o una golosina para que se entretenga, pero ¿te has parado a pensar si lo que realmente necesita es un poco de ternura y de cariño? En muchas familias nunca se habla de sentimientos ni se incentiva a expresar emociones. Y un buen día, observas que los juguetes, la ropa de marca y los videojuegos de moda reemplazan a los «te quiero» que el niño tanto necesita. Es la forma en que nos han educado. Ya dijimos que tendemos a repetir los patrones que hemos aprendido, sean éstos positivos o negativos. Si de pequeños no podíamos expresar nuestras emociones ni nuestro cariño, porque eso era de débiles y eran tonterías, de mayores nos encontramos con que no sabemos demostrarlo. Esto crea muchas inseguridades. Tratando de aparentar ante los hijos que somos el mejor ejemplo, ponemos una capa más a todas las frustraciones que acumulamos y nos callamos. Reconozcámoslo, tenemos miedo a decir: «Te quiero». Lo expresamos cuando el niño es muy pequeño, pero, según va creciendo, vamos abandonando esas palabras que transmiten tanta seguridad y confianza. Sin amor seríamos fríos e insensibles, casi inhumanos. ¿Por qué perderse algo tan maravilloso? Díselo a tus padres, a tus hijos, a tu círculo más sentido. Crea proximidad, cercanía. Un «te quiero» jamás daña, pero no decirlo, a quien lo necesita y espera, hiere. No manifestarlo con regularidad conlleva a olvidarlo, y cuando por fin te das cuenta de lo necesario que es, intentas decirlo pero no te sale. Porque te has congelado.

LAS HIPOTECAS FAMILIARES

El amor auténtico cuida, protege, apoya, alienta y motiva, pero también permite soltar al otro y dejarle libre para que encuentre su camino y sea feliz. Sin embargo, nos encontramos con muchos padres que crean cargas en sus hijos en nombre de un falso amor, impidiéndoles vivir su vida plenamente.

Una conocida me comentaba su insatisfacción en la relación con su madre. Su padre había fallecido hacía aproximadamente un año, y desde ese día la madre empezó a exigir a sus dos hijas que estuvieran una u otra permanentemente con ella. Carmen, mi conocida, al no tener hijos, soportaba la peor carga, pues desde hacía un año dormía en casa de su madre para que no se sintiera sola. Cada vez que las hijas hablaban con la madre y le decían que tenía que superarlo, que debería encontrar actividades que la entretuvieran, ésta acababa en el hospital con alguna enfermedad que nadie podía diagnosticar. Las hermanas, en ese momento, se sentían culpables por ser tan egoístas y no ponerse en la piel de su pobre madre, pero así seguían pasando los meses. La madre estaba hipotecando la vida de sus hijas.

La situación contraria sería la de una mujer que, después de cincuenta años de casada, sufre la muerte de su marido. Aparte de sentirse muy triste —la pérdida de un ser querido es la mayor de las tristezas— y sola, desde el primer día manifiesta a sus hijos que no quiere que ninguno altere su vida por ella. Sabe que se tiene que acostumbrar a su nueva vida y que, cuanto antes lo haga, antes lo superará. Después, pasa seis meses llorando intensamente la ausencia de su marido y, aunque sigue sintiendo esa pérdida con gran dolor, remonta magníficamente. Su amor por la vida es mayor que su sentimiento de soledad. Así encontrará nuevas ilusiones al estar siempre dispuesta a hacer algo nuevo. Ésa sería la reacción de amor auténtico de una madre que no hipoteca la vida de sus hijos.

Esto es trasladable a muchas situaciones. Cuando un hijo crece y se independiza, unos padres, con el amor sano, se alegrarán de que comience una nueva vida y le soltarán. Mientras que otros que se queden anclados en el pasado exigirán dependencias y compromisos que, si el hijo ignora, acabarán haciéndole sentir culpable.

El sentimiento de culpa, como vimos en el capítulo de la tristeza, es falsa tristeza, en vez de rabia. Siempre que alguien se siente culpable es porque otro le está manipulando sin atreverse a reconocerlo. Analiza la situación y libérate de la culpa expresando tu rabia auténtica. De un modo tranquilo, pero poniéndote en tu lugar.

DISFUNCIONES DEL AMOR

Muchas veces, recurrimos a la emoción amor por quedar bien o porque es lo que «se debe hacer». En estos casos creemos hacer favores, pero en el fondo tiramos piedras sobre nuestro tejado.

1. La debilidad

En lugar de poner límites o defendernos, cuando alguien amenaza nuestro espacio, reaccionamos dando cariño y atención al invasor en mayor cantidad que a los que nos respetan y son merecedores de nuestra consideración. Esto nos pasa a menudo, desde nuestro entorno hasta en nuestros trabajos. En las empresas existe la mala costumbre de agasajar a ese proveedor especialmente desagradable, que impone sus condiciones, grita, lanza improperios porque no hay quien le aguante. Mientras que los amables, siempre dispuestos, acaban sufriendo nuestra desconsideración. Intentad trasladar este ejemplo a vuestros hijos, vecinos, amigos y conocidos. Es una forma de prestar atención a quien no lo merece y obviar al que deberíamos cuidar y proteger, al que está siempre a nuestro lado.

Debilidad = *Falso amor, en vez de miedo auténtico.*

2. El masoquismo

Se aprecia en esas personas que se entregan con pasión a quienes no merecen la pena o son tóxicos, poniendo además empeño. Están ciegos ante lo que pueden perder y sufren muchísimo por decepciones, pero aun así lo siguen intentando. Son personas que se la juegan por el débil, aunque éste sea el responsable de sus flaquezas (sienten pena por él). Sin embargo, dejan de lado al fuerte, aunque le haya costado un gran esfuerzo conseguir su potencial. Cuando estás con alguien por pena, debes asumir que ese amor, espacio, cariño y apoyo que le brindas es falso, pues no va a cambiar por mucho que te dejes la piel. No quiere cambiar, tan sólo utilizarte. Perderás tu tiempo y tus energías.

Masoquismo = *Falso amor, en vez de tristeza auténtica.*

3. Síndrome de Estocolmo

Lo sufren las personas que se enamoran de sus secuestradores, y cuanto más les dañan más apasionadamente les aman. Una mujer engañada por su marido, cuanto más burlada está, más se entrega. Consiente una manipulación que le impide manifestar y expresar su rabia.

Síndrome de Estocolmo = *Falso amor, en vez de rabia auténtica.*

4. La vanidad

Lo encontramos en la persona egocéntrica que piensa que todo gira en torno a ella. Es tal el deseo de ser admirado por sus logros, que es incapaz de vislumbrar las maravillas de su ser interior, e intuir lo que puede conseguir gracias a estar en contacto con ese ser.

Vanidad = *Falso amor, en vez de orgullo auténtico.*

5. La dependencia

Las relaciones de dependencia comienzan con la sobreprotección. Tras ella, haces creer a tus víctimas que sin ti no podrían hacer nada. Si tu pareja requiere la sumisión de tu naturaleza original y de tu dignidad, algo va mal. Acabarás siendo dependiente de esa persona. Si concedes a los demás la autoridad de hacerte sentir bien o mal te conviertes en su esclavo. En palabras de Abraham Lincoln: «Ayudar a los demás no significa hacer por ellos lo que ellos mismos podrían hacer». En vez de disfrutar de tu pareja o de tus hijos, conociendo las diferencias de cada uno, te sientes impulsado a sobreproteger o a exigir reciprocidad. Te convertirás en una persona negativa y castradora que impedirá que los demás puedan crecer y ser ellos mismos.

La dependencia = *Falso amor, en vez de alegría auténtica.*

LOS AMORES QUE MATAN

Los padres adoran a sus hijos, harían cualquier cosa por ellos, pero, en realidad, ¿es ese amor tan grande como creen? La mayoría piensa que quieren más a sus hijos que éstos a ellos, sin embargo, diversos autores nos ofrecen una visión renovada:

—¿Haces dudar a tus hijos de sus sensaciones? El niño te indica que tiene calor y te empeñas en que hace frío y le obligas a abrigarse. Concluirá que sus sentidos no son buenos y los irá desconectando. Es el modo en que todos hemos ido perdiendo las importantes posibilidades que nos aportan nuestros radares.

Muchas veces los padres transmiten a sus hijos que lo que hacen es por su bien y porque les quieren, aunque inconscientemente les trasladen sus propios miedos e inseguridades. Antes que decirles que lo que hacemos es por amor, deberíamos luchar por despejar nuestras dudas. Eso sí sería un buen ejemplo para ellos. También sería la manera de enseñarles que ellos tienen el timón de su vida y que no existe nada que proponiéndoselo no puedan conseguir.

Un día, paseando por un parque, observé una escena que llamó poderosamente mi atención. Una niña de unos siete años presumía ante sus padres de saltar sin miedo por un tobogán. Los padres, con cariño, la reprendían: «No es de buena educación presumir». No pongo en duda la buena intención de los padres, pero lo correcto para la niña sería compartir ese reconocimiento que ella siente por haber superado algo y manifestarle el orgullo por tenerla. Prohibirle expresar esa emoción o lo que sería peor, compararla con otros, la convertirá de adulta en una persona insegura que nunca se atreverá a mostrar sus grandezas y se conformará con sentirse útil para otros que tratarán de aprovecharse de esa carencia, sometiéndola.

Recuerdo cuando era pequeña. Era una niña alegre y espontánea. Mi madre, para protegerme de un posible futuro cruel me decía: «Tú disfruta ahora que ya verás lo dura que es la vida». Ese mensaje corta la alegría de un niño, temeroso de lo que el futuro le puede deparar. Peor sería hacerle sentir culpable: «Yo a trabajar y, mientras tú, divirtiéndote». Estás matando su alegría, se convertirá en un amargado que juzgará a todos, encontrando defectos donde no los hay.

Hay infinidad de situaciones en que los padres alteran las situaciones para no perder su posición de poder frente a sus hijos. ¿No consideras esta postura injusta?, el niño crecerá convirtiéndose en sumiso ante las injusticias. Igual pasa cuando se les indica que no lloren, o cuando nos reímos de sus errores, esto les ocasionará un exceso de rabia que les mantendrá en una posición defensiva ante la vida porque deducirán que nadie les entiende.

A todos nos ha pasado algo parecido con nuestros padres. Es el amor incondicional de un hijo por sus padres lo que le hace preferir renunciar a sus emociones auténticas para ser querido y aceptado por ellos. Los niños no nacen siendo competitivos, ni envidiosos, ni rabiosos, ni desconfiados. Esto lo van adquiriendo en sus siete primeros años de vida y fundamentalmente en respuesta a las actitudes de sus padres.

Una amiguita de mi sobrina, que tiene siete años, se está convirtiendo en una niña amargada y envidiosa. Ha pasado de ser su mejor amiga a no querer verla y rehuirla. Los padres de la niña se divorciaron hace dos años, pero nadie se paró a reflexionar que esa niña necesitaba explicaciones para entender qué ocurría. Sencillamente, un día su padre desapareció. La madre aducía no estar preparada para enfrentarse a su hija. Unos meses más tarde su abuela murió y tampoco nadie le dijo por qué ya no vería más a su abuelita. Luego se mudaron de casa y siguieron sin darle explicaciones. La niña se ha acostumbrado a no preguntar, aunque no entienda. Sufre en silencio su rabia, pues es injusto que no la tengan en cuenta, y lo paga en el colegio. Ahí expresa su amargura y envidia, se transforma en una pequeña tirana. Cuando digáis que lo que hacéis es por amor, pensad primero si no estáis amputando algo en el niño, pues muchas veces se hacen cosas en nombre del amor. Pero, si no es auténtico, los daños que se producen pueden ser irreparables.

En las relaciones de pareja pasa algo muy parecido. Nuestras propias inseguridades son las que crean los celos y las dudas. Si valoras a tu pareja y la apoyas incondicionalmente, sin competir, sin temer que te supere, lograrás resultados espectaculares. Motivar y apoyar al otro hace que aumente la autovaloración, a la vez que crecen la confianza y respeto en la pareja.

LA IMPORTANCIA DE DAR LAS GRACIAS

Todos solemos agradecer por educación, en un restaurante, en una tienda, y enseñamos a los niños a hacerlo también para que no sean maleducados ni desagradecidos. Al final, se convierte en una especie de coletilla que decimos sin pensar. Pero saber dar las gracias no es sólo eso, aunque también es necesario, por supuesto. Puede cambiar la vida del otro y también la tuya. Acércate a tu pareja y muestra agradecimiento por tantas cosas: por lo buen padre o madre que es; por la vida tan maravillosa que te ofrece; por su amor sin condiciones; por su ayuda; por confiar en ti; por estar cerca cuando le necesitas. Hay infinidad de motivos por los que agradecer, pero nos instalamos en nuestra rutina y dejamos de valorar los detalles, los gestos, las buenas intenciones. Así llega un momento en que consideramos que ésa es su obligación. Exigimos, pero no agradecemos. Dar las gracias es un ejercicio fantástico. Para empezar, porque vamos a centrarnos en las virtudes y no en los defectos del otro, y también porque volveremos a mirar a esa persona con los ojos del amor auténtico. No hay que esperar a un buen momento o a que surja la conversación. Cualquier circunstancia es buena para reconocerlo. Llama a tus padres por teléfono y agradece por los motivos que quieras, por darte la vida, por sus cuidados y cariños, por las noches de desvelo. Llama a tus amigos íntimos y agradéceles haberte escuchado en tus momentos de crisis, haberte ayudado a superar algún problema, su disponibilidad. Y hazlo con tus hijos, por hacer que tu vida se ilumine, por sus sonrisas, por su espontaneidad, por llenarte de maravillosos momentos de alegría. Sé agradecido siempre que puedas, te llenarás de energía y positivismo. La respuesta que obtendrás será tan favorable que aún ni lo puedes imaginar.

DE UN VISTAZO

Cuando una persona se siente amada y atendida, la confianza en sí misma crece y perdura toda la vida. Seremos cálidos, cercanos, solidarios, protectores, motivadores, generosos. Sabremos entregarnos a lo que merece la pena y cuidar de nosotros mismos. Estaremos capacitados para ofrecer un espacio seguro donde cada cual sea uno mismo. Huiremos de competir y de hacer competir, no existirán los celos, dejaremos al otro libre para que elija su camino. Nunca manipularemos ni impondremos con exigencias. Desaparecerán la envidia, el egoísmo, los rencores. Enamórate de la vida, de tu trabajo, de lo que estés haciendo, acentúa tu dinamismo y energía. Vive con pasión. Entrégate a todo lo bueno que haya a tu alrededor sin dudar, no permitas que tus miedos te hagan ser desconfiado, no rechaces lo desconocido de antemano, no tengas prejuicios, no esperes que los demás se acerquen a ti; hazlo tú, sé cercano y accesible, sé positivo. El amor tiene la fuerza de conseguir cualquier cosa. Estamos inmersos en un mundo demasiado materialista, olvidamos lo realmente importante, por eso no somos felices. Si algo en tu pareja o hijos te disgusta, no reproches, crea tú el escenario que deseas. Toma la iniciativa y comparte, porque la fuerza del amor es tan vigorosa que nos hace superar nuestras limitaciones para empezar a vivir.

Sé generoso, entrégate, observa con los ojos del amor la maravilla de la vida y da las gracias por lo que tienes. Entonces experimentarás la dicha de poder gozar.

12. LA ALEGRÍA

«La verdad que nos libera suele ser la que menos queremos escuchar.»

ANTHONY DE MELLO

Todos buscamos la felicidad, es lógico, pues como seres humanos nacimos para ser felices. Es un derecho inherente a nuestra naturaleza. La emoción preferida de los niños es siempre la alegría y la de los adultos también. Sin embargo, por más que la busquemos, nos resulta difícil de encontrar.

«Cuando alguien no encuentra la paz en sí mismo, es inútil que la busque en otra parte.»

LA ROCHEFOUCAULD

Si escapamos de la realidad en la que vivimos, conseguiremos ser felices efímeramente. Esta felicidad de la huida es falsa. Nos exalta como las burbujas del champán, pero en seguida decae para dejarnos vacíos. Por eso, la mayoría de las personas piensan que la felicidad no existe, que consiste en pequeños momentos de satisfacción o euforia. Se limitan a encontrar placer en viajes lejanos, un coche nuevo, diversiones pasajeras o incluso corriendo riesgos físicos. Sin embargo, una vez realizado ese pequeño sueño, la mente exige algo nuevo que llene el vacío existencial. Pero la felicidad sí existe, es un fluir continuo, sin subidas ni bajadas estrepitosas. Es una paz interior que te hace responder a los apuros cotidianos, rebelándote y encontrando rápidas soluciones, para volver al estado de paz y de bienestar.

Ahora bien, esta etapa no se alcanza sin que antes actúen de modo correcto el resto de las emociones. Si eres consciente del miedo, sabrás levantar límites para que las amenazas no se conviertan en perjuicios que luego tendrás que lamentar. Obtendrás seguridad en tu vida. Al detectar las pérdidas respondiendo con la tristeza adecuada, encontrarás salidas evitando culpar a tu entorno. Conseguirás desarrollar tu vida al máximo. Si no toleras manipulaciones ni engaños reaccionando con la energía de tu rabia sana, dejarás de tragarte mentiras y de enfermar, instalando justicia en tu vida. Cuando conectes con tu ser interior a través de tu orgullo, y comprendas el poder de tu capacidad de crear y de crecer, ascenderás a un nivel superior con satisfacción y reconocimiento. Cuando por fin enmarques tu vida en un espacio seguro, donde no imperen los deseos de control y de poder sobre los demás, que provienen exclusivamente de la mente y del ego soberbio, entregándote a lo bueno con amor auténtico, te sentirás realizado en tu círculo de pertenencia. Sólo entonces surgirán la alegría verdadera y la plenitud. Obviamente, esto es cuestión de tiempo y de práctica. Para desaprender lo que llevamos aprendido tanto tiempo, el peor enemigo es la impaciencia o la creencia de que es muy difícil y lento. Cada pequeño logro se convertirá en aprendizaje para el futuro; sabremos que nunca es tarde y encontraremos un nuevo sentido a nuestra vida: el *para qué* estamos aquí y el *para qué* hacemos lo que hacemos.

La alegría auténtica es la capacidad de percibir el fluir de la vida y saborear el placer que ello conlleva. Es la liberación de quitarse pesos muertos de encima y también es encontrar verdad.

Lo explicaba san Juan: «La verdad os hará libres». Nada más cierto. Sólo si eliminas la venda de tus ojos para ver la autenticidad de lo que te rodea y la de tu mundo interior conocerás la felicidad. Como dijo Emerson: «El mejor regalo que puede hacernos un amigo es poner frente a nosotros un espejo que refleje una noble imagen de nosotros mismos». Por eso la palabra clave es: «regalo». Cuando recibes algo que deseas con fuerza, sin exigir ni hacer nada por conseguirlo, eso es alegría. Es un obsequio inesperado.

FINALIDAD DE LA ALEGRÍA Y SUS FUNCIONES

La finalidad de la alegría es la plenitud. Cuando nos sentimos plenos estamos radiantes, no nos falta nada. Pero ¿qué necesitamos para lograr esa sensación? La alcanzaremos a través de las funciones de la alegría: atendiendo a nuestras intuiciones, abriéndonos a nuevos caminos, cambiando, descubriendo la verdad, fluyendo, disfrutando, irradiando optimismo.

Es fundamental tener presente nuestras intuiciones, pues existen. Forman parte del interior de todos nosotros. Esos presentimientos son fruto de nuestra alegría, que nos conecta con nuestra realidad psíquica y espiritual aportándonos la capacidad de prever acontecimientos que escapan a la razón. Sabemos de personas que han presentido un accidente de avión y no lo han tomado, salvándose de ese modo. Muchas veces decimos: «Mi intuición era cierta pero no le hice caso». Efectivamente, aunque la intuición es una potencia infravalorada, nos conduce a elegir siempre lo más conveniente. Son esas corazonadas que propician tomar decisiones sensatas que nacen del corazón.

También, para encontrar una finalidad a nuestra vida, se hace necesario estar abiertos a nuevos caminos, nuevas experiencias y oportunidades que puedan cambiar nuestra existencia, convirtiéndonos en protagonistas de la vida que desearíamos llevar. En general, encontrar la verdad es la mayor prioridad a la hora de disfrutar de una vida plena. Por eso los niños pequeños son alegres, felices y espontáneos. No mienten, en su luz siempre hay certeza y nunca dudas.

Una persona completa tiene un brillo que irradia a su alrededor. Es foco de energía positiva y atrayente, igual que los pequeños cuando se les regala el juguete que soñaban. Sus rostros se iluminan y se llenan de pureza. O cuando tenemos una sensación de elevación, de algo que nos trasciende, como una madre cuando da a luz a su hijo. O cuando nos sentimos fluir en la vida, dejándonos llevar sin pretender el control. O cuando disfrutamos con todo el placer que ello conlleva. Todas esas sensaciones son manifestaciones de la alegría auténtica y nos conducen a la plenitud.

SITUACIÓN >>>	REGALO INESPERADO	
EMOCIÓN >>>	ALEGRÍA	
FINALIDAD >>>	PLENITUD >>	IRRADIAR / ILUMINAR
		ELEVAR
		FLUIR Y DISFRUTAR
		INTUIR
		ABRIRSE Y CAMBIAR
		ENCONTRAR VERDAD

EL MIEDO A LOS CAMBIOS

> «Resistirse al cambio es ir en contra del fluir natural de la vida.»
>
> LEÓN TOLSTÓI

La mayoría de las personas temen los cambios. Nos cuesta modificar los hábitos. Preferimos «lo malo conocido que lo bueno por conocer». Pero los cambios son siempre para mejorar, absolutamente siempre. Decimos: «Mi vida no me satisface, preferiría otro trabajo, sueño con cambiar de casa, no soporto el estrés que padezco, siempre lo mismo...». O la clásica frase: «Soy como soy, y no voy a cambiar a estas alturas». En palabras de José Antonio Marina, filósofo y creador de la Universidad de Padres: «Nada entorpece tanto el desarrollo personal como la errónea creencia de que cada uno es como es y no puede cambiar». Impedimos dar un giro a nuestras propias vidas y hacer lo que realmente nos gustaría; preferimos quedarnos tumbados, conformistas, resignados y negativos, pensando que no tenemos lo que merecemos, o protestando y envidiando a los que se lanzan con valentía en pos de sus sueños. ¿Por qué no nos atrevemos a hacerlo nosotros? Pareciera que la vida no depende de nuestra voluntad. Culpamos a la sociedad, o a las circunstancias, de nuestras dificultades. Cada uno tiene la existencia que se merece, porque es la que se atreve a tener. Cuando vislumbres un cambio en el horizonte de tu vida, no te escondas, no huyas, planta cara y a por él. Te aseguro que no te arrepentirás. No te conformes con ser la misma persona de siempre, con la misma rutina de siempre. Sólo podrás crecer si sales de tu zona de comodidad, pues ésta nos arraiga en la costumbre y la repetición, lacrando cualquier salida. Realiza cosas que te resulten incómodas, siéntate en el sillón que nunca usas, come en lugares diferentes, cambia de gimnasio, no te apalanques, expándete. Vive en plenitud y goza, aleja tus falsos miedos, tus nostalgias, tus resentimientos del pasado, tu falta de orgullo. Tienes todo el derecho del mundo a ser feliz y mereces serlo.

Comparto por completo las palabras de Joaquin de Saint-Aymour, gran conocedor de las teorías de Jung: «Un objetivo vital grande impulsa más que uno pequeño. No hay que temer a la ambición. Con bajas expectativas no tendrás una existencia que merezca la pena». Y, ante todo, no albergarás dudas.

LA FALSA ALEGRÍA

Desde pequeños, los impulsos que hemos recibido para estar alegres o ser felices han venido del exterior. Entonces, la felicidad dependía de nuestros padres: la alimentación, la seguridad, la educación, el cariño, las atenciones. Y desde entonces, hemos aceptado que todo lo que nos pueda aportar felicidad vendrá del exterior. Por eso enloquecemos buscando la riqueza material, el prestigio, el poder. O necesitamos una pareja para no sentirnos solos, o basamos nuestra felicidad a través del éxito de nuestros hijos, ya que nosotros no lo hemos conseguido. Muy pocas personas caen en la cuenta de que la felicidad se encuentra inmersa en cada uno de nosotros, y por mucho que nos empeñemos en buscarla fuera, siempre fracasaremos, porque no está fuera, está dentro. Eso explica que haya tantas personas ricas, con éxito en la vida, que aparentan ser felices, pero que en el fondo son muy desgraciadas.

> «El éxito de la vida estriba en vivirla de acuerdo con nuestra verdadera naturaleza, no de acuerdo con la naturaleza de otros o los presuntos ideales que impone la sociedad.»
>
> JOAQUIN DE SAINT-AYMOUR

La alegría auténtica es un estado de bienestar, un estado natural que no necesita de condimentos. Si no te acercas a tu yo o si no quieres conocerte en profundidad para averiguar lo que te paraliza, para entender por qué dañas a otros, para saber por qué sufres, nunca darás con la clave que erradique tus problemas y éstos se repetirán de manera reiterada. Incidirás en iguales errores, cosechando los mismos resultados y nunca podrás ser feliz. La vida es más fácil de lo que pensamos. Somos nosotros los que nos empeñamos en complicarla, por obedecer a nuestra mente egocéntrica, en vez de a nuestro ser que nunca nos va a fallar. Si piensas que no mereces la felicidad, porque has recibido ese tipo de mensaje en la infancia, es posible que te conviertas en una persona negativa, y la negatividad es contagiosa. Tus hijos irán perdiendo también su alegría de vivir, su espontaneidad, su optimismo y su naturalidad. También es posible que taches a las personas alegres de irresponsables, con lo cual te convertirás en un aguafiestas amargado empeñado en destruir los momentos alegres de los demás. Debes asumir la responsabilidad que tienes de cara a tus hijos, pues ellos están en esta vida para ser felices. Nacen plenos, aprende tú de ellos. Si no lo haces por ti, al menos que ellos no sufran tus injusticias. No les dejes en herencia tu infelicidad.

> «Tienes la libertad de diseñar la vida que siempre has soñado y crear una obra maestra.»
>
> DR. MIGUEL RUIZ

EL PODER DE LA RISA

Imagínate la siguiente situación: vas en un autobús, a un viajero le da un ataque de risa y no puede parar. Los demás pasajeros miran sorprendidos, incluso extrañados. No es muy habitual en estos días encontrar a personas que explotan a carcajadas. Literalmente, no puede parar de reír. ¡La risa es contagiosa! Los demás empiezan a carcajearse y aquello no tiene límite. Tras cinco minutos, siguen riendo a mandíbula batiente. Un experimento similar realizó Christine Rabette en un vagón de metro con exactamente esos mismos resultados. ¡Nunca tuvieron un viaje tan alegre!

La risa forma parte de la alegría y se contagia, como el resto de las emociones. Piénsalo, ¿qué prefieres contagiar a los demás? ¿Risa, alegría, optimismo, buen humor? O envidia, rencor, dudas. ¿De qué emociones de tu entorno quieres contagiarte? Trata de reírte, sobre todo de ti, de esas situaciones en las que crees que haces el ridículo. Recuerda cuando eras niño. Lo primero que se aprecia en la infancia es la capacidad de reír y carcajearse abiertamente. Parece que convertirse en adulto nos debe conferir un aire serio, grave, apesadumbrado. Las personas que se ríen disfrutan de muchos beneficios en su salud. Sólo tienes que rodearte de personas positivas y alegres, alejándote de los victimistas, de los que te dan pena, de los que te hacen sentir culpable, de los que te envidian. Es cuestión de decidir el tipo de vida que quieres llevar. Y con toda seguridad, ésa será la vida que llevarás. Decide siempre por la risa benéfica, saludable y espontánea.

EL EROTISMO Y LA SENSUALIDAD

La excitación, el placer, el gozar, también son derivados de la alegría, por eso al erotismo y la sensualidad los incluimos en esta emoción. Para que sintamos sus beneficios como verdaderos fuegos artificiales, debe originarse en el amor. Sin embargo, las herencias culturales y religiosas han contaminado su sentido perdiendo naturalidad y considerándolo a veces algo «tabú». Es bueno disfrutar de la propia sensualidad. Podemos ser sensuales sin resultar frívolos ni descarados, sino gozando de la belleza de sus sensaciones. No te prives y vive tu erotismo sin culpas, sin esconderlo.

DISFUNCIONES DE LA ALEGRÍA

¿Qué nos pasa cuando sentimos alegría ante un estímulo que no es adecuado para esa emoción?

1. La imprudencia

Nos volvemos imprudentes cuando no queremos ver las amenazas y, sin defensa, nos lanzamos alegremente sin valorar los riesgos. Por ejemplo, hacer *puenting* o correr a altas velocidades para sentir cómo la adrenalina recorre las venas.

Imprudencia = *Falsa alegría, en vez de miedo auténtico.*

2. La inconciencia

Sucede cuando no quieres asumir una pérdida y tomas el camino fácil de la escapada para no enfrentarte al conflicto. Imagina que pierdes la posibilidad de presentarte a un examen importante y contrariamente a sentir la tristeza adecuada, que te ayude a superar ese perjuicio, te exaltas lanzándote a nuevas aventuras. El inconsciente huye de los problemas para no afrontarlos con cabeza.

Inconsciencia = *Falsa alegría, en vez de tristeza auténtica.*

3. El oportunismo

Es bastante común sentir alegría cuando se presenta un estímulo de amor. Imaginemos que alguien me presenta a una persona que resulta ser entrañable, amistosa, sincera y disponible. Cuando me entero de que esa persona es un editor pienso: «¡Qué bien me viene! ¡A lo mejor consigo que me publique el libro!». En realidad, no estoy correspondiendo a su amistad, me ha caído del cielo y voy a ver como saco provecho de la oportunidad. Es una postura cínica ante la vida, pues nos hace decidir que la otra persona no merece nada a cambio. Ni cariño, ni atención, ni cuidados. El amor debe ser recíproco siempre. Juntos podremos pasar a la alegría y compartir lo bueno que nos ocurra. Si alguien nos ofrece ese espacio seguro en el que podamos ser nosotros mismos, y no correspondemos con amor, sino con alegría egoísta, nos convertiremos en interesados, oportunistas y aprovechados.

Ser oportunista = *Falsa alegría, en vez de amor auténtico.*

¿CUÁL ES TU ACTITUD?

> «Un optimista ve la oportunidad en toda calamidad; un pesimista ve una calamidad en toda oportunidad.»
>
> WINSTON CHURCHILL

La actitud que tengamos ante la vida es lo que marcará que nos convirtamos en triunfadores o que seamos coleccionistas de fracasos que se acumulan uno tras otro. Una actitud negativa ante la vida —«la felicidad no existe; hay que trabajar duro para sobrevivir; si no tuviera tantas responsabilidades disfrutaría más de la vida; no tengo tiempo para nada...»— nos va a traer circunstancias difíciles, el camino será pesado y nos costará un triunfo conseguir los resultados apetecibles. **Lo que pensamos es lo que atraemos.** No pienses en lo que no quieres, céntrate en lo que sí quieres. Una persona con actitud positiva en la vida pensará que todo es posible, imantando situaciones beneficiosas y accesibles. Esta disposición es la que nos permitirá estar abiertos para recibir todo lo bueno con los brazos de par en par. Si ante un cambio, enfocas negativamente, te abrumas o te angustias por anticipado, estás cerrando las puertas a que aparezca algo fantástico. Aunque los trenes de la abundancia pasen delante de tus narices no los verás y te lamentarás mientras otros consiguen fácilmente lo que tanto sueñas. Por eso, ante los cambios debemos responder con alegría, pues es la única emoción válida. Emergerán oportunidades continuamente. El que tú te cierres y no las veas no quiere decir que no estén presentes. Sólo de ti depende atraparlas. Si luego el tren que cogiste no te convence, puedes bajarte y tomar otro en distinta dirección. Adopta las actitudes que contribuyan a tu felicidad y prosperidad, en lugar de centrarte en lo que no ayude, porque tienes la capacidad de crear la vida que quieres vivir. Únicamente tú eres cien por cien responsable de tu felicidad. Sólo podrás cosechar cosas buenas si abres la ventana de tu corazón y dejas que penetren los *regalos*.

Hace algunos años, leí el libro *La buena suerte*, de Fernando Trias de Bes y Àlex Rovira. Se trata de una fábula que ilustra que la buena suerte sólo depende de cada uno, la crea uno mismo y todos pueden atraerla a sus vidas. Voy a intentar resumirlo, pues merece la pena:

LA BUENA SUERTE

El mago Merlín reunió a todos los caballeros del reino y les planteó un reto: en siete noches nacería el Trébol Mágico que proporcionaría al que lo poseyera la suerte ilimitada. Pero Merlín no sabía el sitio exacto en que nacería, tan sólo que sería en el Bosque Encantado.

Eso desanimó a casi todos los caballeros. Sería como buscar una aguja en un pajar. Así que, decepcionados, renunciaron uno a uno al reto, salvo dos de ellos: el caballero negro y el caballero blanco. Así, ambos partieron por separado hacia el Bosque Encantado.

Muchos son los que quieren tener buena suerte, pero pocos los que deciden ir a por ella.

Una vez en el bosque, el caballero negro decidió preguntar al Gnomo, que le contestó que nunca había nacido un trébol en aquel lugar. Así que fue visitando a los habitantes del bosque: a la Dama del Lago, a la Secuoya, a Ston... Y todos le fueron confirmando lo que empezaba a temer: que nunca había nacido un trébol. Cada día se sentía más desanimado, ya no era el caballero arrogante del primer día, su mente se iba nublando de dudas. Incluso llegó a pensar que Merlín le había mentido y planeó cómo vengarse.

Por su parte, el caballero blanco también visitó al Gnomo, y recibió la misma respuesta. Sin embargo, el caballero blanco fue más allá y preguntó: ¿por qué no nacen tréboles en el bosque? Y el Gnomo le respondió que nadie se había ocupado de renovar esa tierra tan dura y apelmazada.

Para obtener cosas nuevas, se deben hacer cosas nuevas.

Y así, el caballero blanco buscó tierra fértil, que llevó a una parcela del bosque donde la extendió. La Dama del Lago le contó que para que nacieran tréboles necesitaría agua en abundancia, y que ella le podía ayudar, pues su lago no se evaporaba lo suficiente. De ese modo, el caballero blanco hizo con su espada un surco que llegaba hasta su parcela para que pudiera tener el agua que necesitara.

La vida te devuelve lo que das. Si compartes, siempre ganarás más.

Se sentía cada vez más satisfecho y contemplaba con alegría todo lo que estaba realizando sin tener conocimientos de jardinería. La Secuoya le confirmó que necesitaría igual cantidad de sol que de sombra, y acordaron cortar algunas ramas secas de los árboles de su parcela. «Cortar las ramas viejas o liberarse de lo que ya no sirve es siempre un impulso para la vida de un árbol y de lo que le rodea.» Éste actuó sin postergar, lo único que le importaba era ese momento. Su «aquí y ahora», y sintió que cada vez se divertía y se apasionaba más con lo que estaba haciendo, sin importarle tanto el resultado final. Todo aquello aportaba un nuevo sentido a su vida. ¿Faltaba algo? Necesitaba inspiración y decidió subir al punto más elevado del bosque, donde encontró a Ston, que le sugirió limpiar el suelo de piedras. Ese pequeño detalle fue definitivo y corrió a quitar todas las piedras de su parcela. Esa noche, el caballero blanco imaginó al Trébol Mágico en su esplendor y sintió la certeza de que nacería en ese lugar.

El caballero negro no creyó en él.

El caballero blanco decidió ser la causa de su buena suerte.

La última mañana, el caballero blanco se levantó: «Bueno, he vivido apasionadamente estos días, he hecho lo que creía correcto y necesario». De pronto, el Viento, Señor del Destino y la Suerte, empezó a agitar las hojas de los árboles y comenzaron a llover semillas de tréboles de cuatro hojas. Cada semilla era ¡un trébol de la suerte en potencia! Y no era sólo una... Llovían millones en todo el reino, no sólo en el bosque. ¡En todas partes! Las semillas, al caer al suelo, se desperdiciaban. Todas, excepto las que fueron a parar a aquella pequeña extensión de tierra fértil, húmeda, en la que lucía el sol, refrescaba la sombra y estaba libre de piedras. El caballero blanco observó extasiado la Buena Suerte que había creado. Y agradeció al Viento, que le contestó: «Yo no reparto suerte, me ocupo de diseminarla por todas partes por igual. Tú creaste las condiciones adecuadas. Cualquiera que hubiese hecho lo mismo, hubiera creado buena suerte».

Crear buena suerte es preparar las circunstancias a la oportunidad, pero la oportunidad no es cuestión de suerte o azar: ¡siempre está ahí!

DE UN VISTAZO

«"¿Y cuándo piensas realizar tu sueño?", le preguntó el Maestro a su discípulo. "Cuando tenga la oportunidad de hacerlo", respondió éste. El Maestro le contestó: "La oportunidad nunca llega. La oportunidad ya está aquí".»

Anthony de Mello

En la tierna infancia nos encontramos en un estado de alegría pura que vamos perdiendo en las primeras etapas de la vida, normalmente antes de los siete años. Nuestros modelos de referencia, como una conciencia colectiva, utilizan el método del control y de los enjuiciamientos: nos castigan si nos portamos mal y nos premian cuando somos buenos. Este sistema es el que ellos consideran correcto. Es su punto de vista sobre lo bueno y lo malo, y nosotros comenzamos a vivir la vida según estas creencias. Así empezamos a juzgarnos y a crear nuestros propios castigos y recompensas, como si nuestros padres habitaran en nuestro subconsciente. Ésta es la fórmula más eficaz y rápida de privarnos de la alegría. Una persona que tema a la soledad puede castigarse porque de pequeña sus padres la enviaban a su habitación como penitencia. Otra que pierde dinero puede rememorar el castigo de sus padres cuando le dejaban sin paga. Debemos ser plenamente conscientes del momento presente y comprobar si nos domina la mente, condicionada con sus juicios, para impedirnos acceder a nuestra alegría innata y liberarnos de aquellas creencias. Por eso debemos asumir el timón de nuestras vidas ahora mismo.

La alegría auténtica nos infunde la pureza de cuando éramos niños. Esa espontaneidad que, aunque hayamos perdido, siempre estamos a tiempo de recuperar si realmente lo deseamos, esa luz que inunda de energía positiva todo nuestro entorno. Ser espontáneo significa ser sincero y respirar el presente. Es la vía para abrirnos a nuevas experiencias, a nuevos horizontes, con confianza ante los cambios. Si trabajamos nuestro mundo interior nuestra vida fluirá pausadamente. Las dudas se alejarán. Con la alegría nos renovamos. Disfrutamos plenamente de cada instante sin anticipar penurias futuras. Nos liberamos de las pesadas cargas que llevamos en nuestros hombros. Y esos regalos de la vida los podremos empezar a recibir al soltar el lastre de nuestros falsos miedos e inseguridades. Ésa es la forma de percatarnos de que los temores paralizantes no son nuestros, sino de otras personas que nos los inculcaron por creer que era lo mejor para nosotros. Pero ya no necesitamos esas creencias para sobrevivir, ahora podemos edificar nuestra vida y abrazarla plenamente. Será el mejor referente para tus hijos. Si tu mundo va bien es porque tú te sientes bien, y tu mundo ahora eres tú y la familia que has creado. Aprende a disfrutar y a ser feliz, lo demás vendrá solo. Y, sobre todo, confía en ti y en tus posibilidades, sin dudar y con ilusión. La ilusión aleja las dudas para ver claro el horizonte.

Aunque el cielo esté lleno de nubes, recuerda que el sol siempre brilla detrás.

RELACIÓN DE EMOCIONES Y SUS DISFUNCIONES

SENTIMOS → / CUANDO TOCA ↓	MIEDO	TRISTEZA	RABIA	ORGULLO	AMOR	ALEGRÍA
MIEDO	SEGURIDAD RESPETO ARMONÍA	FATALISMO DERROTISMO	HISTERIA VALENTONERÍA	PREPOTENCIA	PATERNALISMO DEBILIDAD	TEMERIDAD IMPRUDENCIA
TRISTEZA	IMPOTENCIA	DESARROLLO ENCUENTRO DE SOLUCIONES	RESENTIMIENTO	CINISMO PEDANTERÍA	MASOQUISMO	INCONSCIENCIA
RABIA	APOCAMIENTO	DEPRESIÓN SENTIMIENTO DE CULPA	NATURALIDAD JUSTICIA	SOBERBIA	SÍNDROME DE ESTOCOLMO INGENUIDAD	FANATISMO
ORGULLO	COBARDIA VERGUENZA MIEDO A DESTACAR	AMPUTADOR CASTRACIÓN	ENVIDIA	CRECIMIENTO CREACIÓN	NARCISISMO	MAGIA LA VIDA ES LOTERÍA
AMOR	TIMIDEZ FALTA DE COMPROMISO DESCONFIANZA	DESAFECCIÓN	RECHAZO ANTIPATÍA	EGOCENTRISMO	PERTENENCIA PROTECCIÓN CERCANÍA	SER INTERESADO OPORTUNISMO
ALEGRÍA	SUPERSTICIÓN	NEGATIVIDAD	AMARGURA AGUAFIESTAS	IDOLATRÍA MEGALOMANÍA	DEPENDENCIA	FLUIR DISFRUTE

Fuente: MAT

13. APRENDER A VIVIR

> «El analfabeto del futuro no será aquel que no sepa leer, sino aquel que no sepa desaprender para aprender y reaprender.»
>
> ALVIN TOFFLER

Lo natural en los niños es mostrarse respetuosos, seguros, honestos, inteligentes, vitalistas, justos, creativos, auténticos, amorosos, solidarios, alegres y espontáneos. Todos hemos sido niños, hemos conocido las emociones en su amplitud. En nuestro recorrido vital las hemos ido olvidando y apartando, como si de algo ajeno y desconocido se tratase. Pocas personas conviven con ellas. Las que lo hacen saben del gran potencial que proporcionan. Agradecen y valoran poseer ese tesoro, igual que tener piernas para andar, ojos para ver, pulmones para respirar. Como ya he remarcado a menudo, son las herencias recibidas durante la infancia, en forma de mensajes castradores, las que condicionan y limitan nuestras conductas y comportamientos. Las creencias de nuestros padres, de la sociedad, de la religión, de la cultura nos encadenan, y nosotros, débiles e indefensos, hacemos lo posible por incorporarlas rápidamente a nuestro ser, tratando de sobrevivir en un mundo muchas veces inseguro, injusto, insolidario, donde no siempre se reconoce a los mejores por su valía.

Manejar correctamente las emociones, ya lo hemos visto, nos aporta un gran torrente de energía positiva. Aprender a convivir con ellas significa aceptarlas en vez de huir. Por mucho que trates de escapar, te encontrarán, ya que forman parte de ti. Es infinitamente más beneficioso quitarnos las máscaras que encubren nuestro precioso interior y sacar todo el jugo a los dones que poseemos. De esta manera, empezaremos a apreciar lo que tenemos. Cuando caemos enfermos decimos que uno sólo valora la importancia de la salud cuando no la tiene. Así con todo. No apreciamos lo que poseemos hasta que carecemos de ello. Entonces llegan los lamentos. ¿Por qué no pararnos unos segundos a interiorizar lo que éramos, lo que somos, en qué nos hemos ido convirtiendo, lo que hemos alcanzado, lo que hemos superado? Si seguimos huyendo como locos, tratando de acumular riqueza, poder o fama, sin tener nunca suficiente, seremos unos insatisfechos, porque no estimaremos nada de lo que tengamos. Ése es el indicador que revela que no nos apreciamos a nosotros mismos. Vamos a empezar por nosotros, por el autoconocimiento con honestidad y valentía. Aprendamos a querernos. Busquemos un propósito que dé sentido a nuestra vida. Tenemos mucho que ganar y absolutamente nada que perder.

Nos atascamos en problemas cotidianos y les otorgamos una importancia exagerada, como si la vida nos fuera en ello (la crisis, las hipotecas, el trabajo, el cole de los niños, la compra, la decoración de la casa, la peluquería...). No tomamos en consideración la grandeza del mundo en el que vivimos. Por muy solemnes que parezcan nuestros insignificantes problemas, la realidad es que NUNCA PASA NADA. Recuerda alguna circunstancia que te tuviera de cabeza hace dos años. No parabas de darle vueltas, te quitaba el sueño, te volvía irritable, trastocaba tus planes. Bien, sitúate en el ahora. Ahora, ese problema de entonces, ¿qué significa para ti?, ¿qué repercusión tiene en tu vida? Ninguna, no es nada, ya ni lo recuerdas. Entonces, aquel tiempo que te perdiste de disfrutar, de fluir, de congraciarte con la vida, ¿qué pasó con él? Se perdió y no lo recuperarás. Tal vez tu estómago o algún otro órgano te haya pasado factura. No somos tan importantes, ni tan imprescindibles. Somos seres en evolución, aunque a veces parece que involucionamos. Dejemos de mirarnos tanto el ombligo, como si fuéramos los únicos supervivientes de un desastre nuclear. Hagamos el esfuerzo de la humildad, para cultivarnos en sabiduría y compartirla.

Hemos renunciado a nuestros sueños y, sin embargo, cada uno tiene la llave de su vida. Los niños están llenos de ilusión, aprendamos de ellos, que no les pase lo que te sucedió a ti. Ha llegado el momento de actuar. El libro que acabas de leer no es teoría, has de llevarlo a la práctica y aplicarlo. No es difícil, tan sólo nos da pereza. Puedes elegir entre el conformismo y la desesperanza, o apostar por tu ser y atreverte a atrapar tus anhelos con fe. Comienza observando tus reacciones, tus emociones, tus sensaciones, tus percepciones, tus razonamientos, y ponles nombre, no te evadas, vas a convivir contigo mismo, te guste o no. Luego, toma conciencia. Tómate tu tiempo, aprende con paciencia de tus errores. Hazlo a tu manera, es tu vida y sólo tú eres responsable de ella. Nadie tiene derecho a imponerte sus criterios, ni a examinarte, ni a etiquetarte. No lo permitas. Cuando comprendas tu funcionamiento interior, podrás comenzar a entender a los demás, sin juzgar ni criticar. Tan sólo ayudando a crecer. Si logras respetarte y ser considerado contigo, también lo conseguirás con los demás. Ayúdate a ti mismo para que puedas hacerlo con los que más quieres. Cito a Benjamin Franklin: «Hay tres cosas extremadamente duras: el acero, el diamante y conocerse a sí mismo». Tan sólo tu voluntad y deseos de superación lo harán posible. Todos podemos, pues todos compartimos esas capacidades que nos vienen dadas en forma de emociones.

Sólo reconociendo que nuestro funcionamiento emocional se basa en patrones aprendidos que repetimos y perpetuamos, podremos suprimirlos y empezar a crecer. Querrás conocerte y profundizar en tu mundo interior. Sustituirás tus antiguas pautas, pues sus resultados ya no te satisfacen, y comenzarás el camino de tu renovación. Aprenderás a ser auténtico, a aceptarte, quererte, valorarte y mostrarte como eres, sin aditivos, sin sentirte inferior ni superior a nadie. Porque ésa es tu naturaleza, es tu ser. Serás feliz y te transformarás en un referente para los demás porque entonces sentirás que sabes dirigir tu vida.

El mejor consejo que puedo darte es: **nunca te rindas**. Inténtalo de nuevo. No te pares ante los obstáculos, sigue intentándolo y si aun así no logras tus metas, algo estás haciendo mal. Detente, reflexiona en intimidad y dale la vuelta, hazlo diferente. Siempre hay una manera. Recuerda que nada cambia si tú no cambias primero. Modifica tus percepciones si éstas son negativas y busca nuevas salidas. Quien busca, encuentra. Descubre al ser humano que hay en ti. Y ten presente que sólo tú eres responsable de tu felicidad. Nadie puede ser feliz por ti.

14. APÉNDICES

PALABRAS CLAVE EN LAS EMOCIONES

EMOCIÓN	PALABRA CLAVE	PARA QUÉ
Miedo	Amenaza	Poner límites Respetar/se Defenderse Sentirte seguro
Tristeza	Pérdida	Desarrollar inteligencia Pensar / Reflexionar Encontrar soluciones Desarrollarte
Rabia	Mentiras	Percibir y reaccionar Queja y solución / Vitalizarse Denunciar Hacer justicia
Orgullo	Admiración	Transformar Crear y crecer Imaginar y descubrir Elegir y decidir Encontrar tu estatus

EMOCIÓN	PALABRA CLAVE	PARA QUÉ
Amor	Espacio seguro	Motivar y alentar Ayudar y proteger Comprometerse Cumplir Sentirte en pertenencia
Alegría	Regalo	Encontrar verdad Fluir y disfrutar Intuir Abrir caminos y cambiar Alcanzar la plenitud

RELACIÓN DE DISFUNCIONES Y SUS CAUSAS

DESCONFIANZA	Falso miedo que sustituye al amor. Temor a entregarse. Pérdida de oportunidades beneficiosas.
IMPOTENCIA	Falso miedo que sustituye a la tristeza. El miedo bloquea la posibilidad de una solución.
INSIGNIFICANCIA	Falso miedo que sustituye a la rabia. Ante un engaño o injusticia, la persona incapaz de reaccionar se achica.
COBARDÍA	Falso miedo en vez de orgullo. No admira ni valora las grandezas propias ni ajenas. Vértigo ante los retos.
ADVERSIDAD	Falso miedo que sustituye a la alegría. Anticipo de circunstancias negativas en momentos de paz.
PESIMISMO	Falsa tristeza que sustituye al miedo auténtico. Se anticipa una posible pérdida dándolo todo por inevitable. Incapacidad de poner límites y decir «NO».
SENTIMIENTO DE CULPA / DEPRESIÓN	Falsa tristeza que sustituye a la rabia necesaria. Ausencia de reacción ante las injusticias. Revierte la rabia que no expresa hacia afuera contra sí mismo.
NEGATIVIDAD	Falsa tristeza que sustituye a la alegría. Anticipo de todo tipo de problemas, sin disfrutar ante situaciones que requieren alegría.

FANFARRONERÍA	Falsa rabia que sustituye al miedo. Elección de enfrentamiento ante las amenazas. Avasalla. Anticipa una crítica y se encoleriza.
RESENTIMIENTO	Falsa rabia que sustituye a la tristeza. La persona, antes que responsabilizarse de sus pérdidas, busca culpables para achacarles sus males. Deseo de venganza.
ENVIDIA	Falsa rabia que sustituye al orgullo. No admira las grandezas propias ni ajenas, las critica. Ni come ni deja comer.
AMARGURA	Falsa rabia que sustituye a la alegría. Tacha de irresponsables a los que disfrutan de la vida. Está amargada y amarga a los demás.
PREPOTENCIA	Falso orgullo que sustituye al miedo. Ante una amenaza o peligro, la soberbia aparece con el fin de hacer sentir débiles a los demás.
PEDANTERÍA	Falso orgullo que sustituye a la tristeza. La persona aprovecha las pérdidas para sentirse protagonista luciendo sus cualidades.
ADULACIÓN	Falso orgullo que sustituye a la rabia. Se pone al servicio de manipuladores y abusadores.
SENTIMIENTO DE SUPERIORIDAD	Falso orgullo que sustituye al amor. La persona se siente superior a quien merece cariño. Inseguridad en sí mismo.
IDOLATRÍA	Falso orgullo que sustituye a la alegría. Se venera a una persona en lugar de disfrutar con ella.

DEBILIDAD	Falso amor que sustituye al miedo. La persona débil regala cariño y atenciones a quien invade su espacio. No sabe respetarse, no impone límites a su intimidad.
MASOQUISMO	Falso amor que sustituye a la tristeza. Entrega y solidaridad a quien hace perder tiempo y no merece la pena.
SÍNDROME DE ESTOCOLMO	Falso amor que sustituye a la rabia. Ama profundamente a quien le anula, somete y domina.
VANIDAD	Falso amor que sustituye al orgullo creador. Egocéntricos amantes de su ego, no del potencial de su ser.
DEPENDENCIA	Falso amor que sustituye a la alegría. Necesidad de sobreprotección. Ni disfruta ni fluye en libertad.
IMPRUDENCIA	Falsa alegría en vez de miedo ante la amenaza. La persona se siente en la gloria ante los peligros. No es una persona segura.
INCONSCIENCIA	Falsa alegría que sustituye a la tristeza. La persona pasa de los problemas y así se siente realizada.
OPORTUNISMO	Falsa alegría que sustituye al amor. Aprovecharse y sacar partido de una relación amistosa.

BIBLIOGRAFÍA

Alonso Puig, M., *Reinventarse*, Plataforma editorial, 2010.

Azancot, P., *El esplendor de lo humano*, Mat 21 Partners, 2004.

Clouder, C., *Educación emocional y social*, Informe Fundación Botín 2011.

Chopra, D., *Las 7 leyes espirituales para padres*, Edaf, 1996.

Dyer, W., *El poder de la intención*, Random House Mondadori, 2010.

Germer, C., *El poder del Mindfulness*, Paidós, 2011.

Goleman, D., *La inteligencia emocional*, Kairos, 1996.

Jericó, P., *El poder de la intención*, Random House Mondadori, 2010.

Marina, J. A., *La educación del talento*, Ariel, 2010.

Rovira, Àlex, y Fernando Trias de Bes, *La buena suerte*, Empresa Activa, 2004.

Ruiz, M., *Los cuatro acuerdos*, Gaia, 2007.

Saint-Aymour, J., *El efecto mariposa*, Obelisco, 2007.

Tolle, E., *El poder del ahora*, Gaia ediciones, 2001.

Zaraï, R., *Las emociones que curan*, Martínez Roca, 1966.

AGRADECIMIENTOS

Agradezco con mucho cariño a todos los alumnos que han asistido a mis seminarios sobre emociones y desarrollo personal. Todos habéis sido una gran fuente de inspiración. En especial doy las gracias de corazón a mi prima Merche Merino por su apoyo incondicional y sus brillantes ideas.

Doy las gracias a Preciada Azancot por sus valiosas aportaciones y por haber compartido conmigo el conocimiento de las emociones.

A Pilar Jericó, estupenda escritora y profesional de la que siempre aprendo.

A Eugenia Delso, por creer en mí. Aún recuerdo esas maravillosas palabras que tanto me impulsaron y fortalecieron: «Apuesto por ti».

A mi querida Helena Freijedo, gran amiga y estupenda representante. Ejemplo de entusiasmo, constancia, coraje y valentía. Gracias por estar ahí.

A Roger Domingo, director editorial de Alienta, y a Paula Carrión, mi editora, y a Sira Coll. Gracias por vuestro cariño, disponibilidad y buenos consejos. Y, sobre todo, gracias por posibilitar que este sueño se hiciera realidad.

A Teresa Viejo, por su cercanía y su sonrisa, sin saberlo ni pretenderlo, ha sido una fuente de inspiración.

A Boris Izaguirre. Siempre recordaré los momentos de alegría contagiosa y de cariño compartido.

A todos mis amigos y familiares por su apoyo, cariño y respeto. Me he sentido muy respaldada en esta maravillosa aventura.

La ilusión me ha llevado hasta aquí.
Gracias por hacerlo posible.